Couverture inférieure manquante

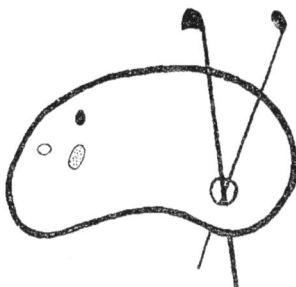

DEBUT D'UNE SERIE DE DOCUMENTS
EN COULEUR

GUIDE

DU

Golfe de St-Malo

OU

15 JOURS

À

LA COTE D'ÉMERAUDE

PAR

ALBERT BOURDAS

Auteur du *Guide de l'Acheteur de Terrains*
et
Panorama de la Rance

PRIX : O FR. 50

SAINT-MALO

IMPRIMERIE DU COMMERCE, H. RICHARD ET LE LAGADEC
Rue Robert-Surcouf, 8

—

1894

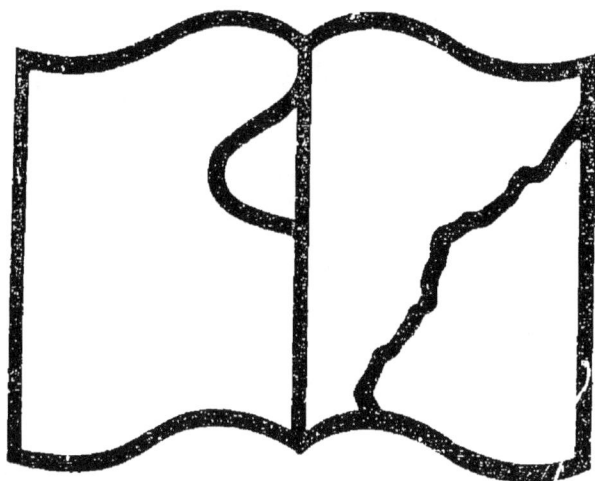

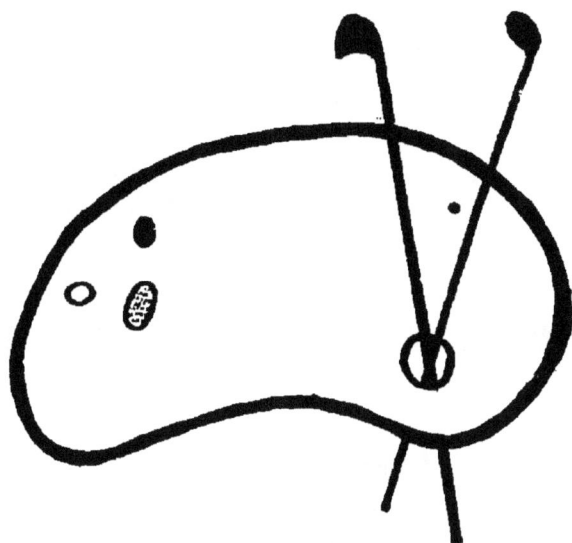

FIN D'UNE SERIE DE DOCUMENTS
EN COULEUR

UIDE DU GOLFE DE SAINT-MALO

ou

15 jours à la Côte d'Emeraude

›URQUOI, PAR QUI ET POUR QUI A ÉTÉ FAIT CE GUIDE

Nil mirari.

Paris, 15 juin 1894.

Monsieur le *Vieux Corsaire,*

Vous rappelez-vous quels bons moments us avons passés ensemble l'automne der- er, tantôt en compagnie du peintre, ›tôt en compagnie du journaliste, tantôt us les quatre ensemble ?
Tous les cinq même, quand ma sœur ustine nous accompagnait.

Quelles charmantes excursions, la pointe
du Meingard; le port Saint-Hubert; le
Décollé ; la Vicomté, avec votre description
de Bizeux, comme s'il était fait ; le Moulin-
Neuf et la pointe de Cancaval, vus par une
tourmente de pluie et de vent.

C'est inoubliable, tout cela.

Mes compagnons et moi, nous avons beaucoup voyagé. Ce que nous avions vu de
plus beau, jusqu'ici, c'était la baie de
Naples, la Corne-d'Or, la Corniche adossée
à la verte Estérel.

Votre pays est un résumé de tout cela et
nous signons tous les quatre, tous les cinq,
veux-je dire, que « c'est le pays le plus
complet et le plus beau que nous ayons
jamais rencontré. »

—

Mais, halte-là! Après le compliment, la
douche. Pourquoi vos congénères semblent-
ils, comme à plaisir, gâter ce que Dieu
a fait ?

Partout, chez vous, au profit de quelques
riches privilégiés, vous laissez boucher la
vue. Vous oubliez trop que ces nababs sont

centaine tout au plus, tandis que ceux qu'ils gênent sont milliers.

Si vous cachez davantage la grande bleue, les centaines resteront peut-être, la multitude immense s'évolera ailleurs.

——

Vous m'avez dit que j'avais pas mal de défauts et je vous remercie de votre franchise. Vous m'avez reconnu une qualité, la franchise précisément.

Tenez, voulez-vous que je vous parle à cœur ouvert de votre pays, faisant plaisir aux uns, faisant sursauter les autres ?.....

——

Alors, c'est convenu et voici les renseignements que je donne à des masses d'amis à moi qui veulent aller chez vous passer quelques jours.

Huit jours, ce n'est pas assez. Il faudrait le mois. Comme moi, à l'automne, deux, si c'était possible. Je prends la moyenne de quinze. On peut déjà, pendant ce petit temps, voir pas mal de pays.

———

COTE D'ÉMERAUDE

Quinze jours à la *Côte d'Eme-raude*. Est-ce assez trouvé, ce nom? Raoul Lucet, le parrain, n'estpas manchot et Saint-Malo peut être fier de compter comme concitoyen son mé-nechme Émile Gautier.

Émeraude et saphir : les vertes frondai-sons baignent dans les flots bleus et forment le luxuriant diadème des plages au sable d'or.

—

Incomparable, cette entrée de Rance, avec quatre villes à l'embouchure : Saint-Malo et sa ceinture de granit; Paramé, et son Casino monumental, entouré de co-quettes villas; Saint-Servan, et sa *Cité*, armée de gros canons, et ses maisons dans la verdure; Dinard, et ses palais et son luxe.

Quand vous aurez créé sur la baie du Prieuré, de l'église de Dinard au clocher de la

Richardais, la Corniche, ce que vous rêvez; surtout si vous venez à faire BIZEUX, vous aurez là un tout complet, une agglomération incomparable comme il n'en existe aucune ailleurs.

Mais il faudrait que cette agglomération fût réunie sous un même sceptre. Jamais vous n'arriverez à rien avec vos rivalités de clocher qui tuent toute initiative.

Et ceux qui, chez vous, font métier d'attiser ce feu de discorde, sont des pécheurs en eau trouble, de mauvais citoyens.

—

Ah! pourquoi l'empereur Napoléon III n'a-t-il pas maintenu son décret, ce jour où, du haut de vos remparts, il créa le quai *Duguay-Trouin* qui aurait toujours dû s'appeler *quai Napoléon*. — Combien avez-vous raison de tonner sans cesse contre ces changements de noms! Ce que vous nous amusez avec votre Fort *Royal* — *Impérial* — *National!* où vous voulez édifier ce Casino qui serait le clou de votre pays.

Les noms de rues et de monuments, c'est de l'histoire écrite dans un très grand livre;

et si Néron a bâti de beaux Thermes en
marbre, même après avoir pour cela brûlé
un quartier de Rome, ce seront toujours les
Thermes de Néron. — Et je redis que si le
décret réunissant les deux villes eût tenu,
vous auriez aujourd'hui une agglomération
de 100,000 âmes.

—

C'est à reprendre et vous êtes l'apôtre
infatigable de ce progrès. Vos ennemis eux-
mêmes n'osent le nier.

— Vous en avez des ennemis ! Mais de
bons amis aussi !

Soyez-en fier et heureux. Il n'y a à craindre
que les indifférents.

—

C'est encore à votre appel que la Vicomté
s'est faite. Combien, même à Saint-Malo et
à Saint-Servan, la connaissaient, il y a seulement quatre ans ?

Et maintenant elle est presque aussi
connue que Dinard — le vieux Dinard bientôt — dont, un jour prochain, elle sera le
plus beau quartier, à moins toutefois que l'on
n'y continue la faute, la faute irréparable une

fois faite, d'y boucher la vue de la mer, comme il a été fait du Bec de la Vallée à la place de l'Église.

C'est à vous encore que l'idée de Bizeux doit sa résurrection. Pour cela, il n'y a pas d'erreur. Et on dirait que la Vierge de la Souhaitier, que votre foi de Breton révère, vous a été un talisman. Des obstacles insurmontables jusqu'ici se sont évanouis comme sous la baguette d'une fée bienfaisante.

—

Et votre Saint-Malo que vous chantez toujours. On voit que c'est là qu'est ancré votre cœur de vieux Malouin, de ces Malouins pour qui l'univers s'arrête à la croix du Sillon et au bout du Môle.

Vous avez bien cependant les idées un tantinet plus larges parce que, si comme à beaucoup d'autres autochtones, il manque de ne pas avoir assez voyagé, vous, du moins, savez vous assimiler les voyages des autres.

Mais vous avez mille fois raison quand vous dites que Saint-Malo, dans sa ceinture de granit — et gardez-vous bien d'y toucher, car c'est le cachet de votre ville — est et sera toujours le centre incontesté et incontestable du magnifique pays qui l'entoure.

Jamais on ne lui enlèvera ses remparts, son clocher, ses maisons comme des palais. Et c'est ce qui fait que la grande ville, si étendue devint-elle, devra toujours conserver son nom de

SAINT-MALO

Saint-Malo en effet est célèbre dans le monde entier, et pouvoir se dire Malouin est encore, à l'étranger, un titre envié et qui vous fait respecter comme les fils d'une cité illustre.

—

Mais ce n'est pas tout. Voilà que mes amis ont jeté une patte d'ancre à Saint-Malo. Il ne faut pas qu'ils s'y ennuient.

Je vais, en courant, les renseigner un peu.

LOCATIONS

À Saint-Malo on trouve à louer dans les prix très doux de beaux appartements, confortablement meublés, sans trop de luxe moderne.

Les maisons sont superbes; en général assez mal distribuées. Très peu possèdent des lieux à l'anglaise et le système des tinettes ou tomas est un peu bien primitif. Très difficile à changer, paraît-il.

Les locations pour la saison, c'est-à-dire un mois ou trois, sont de 400, 500 jusqu'à 1,000 francs. Pas cher, comme vous voyez.

A Paramé, on loue de jolies villas de 600 à 4,000 francs. Prix moyen de 1,200 à 1,500.

A Dinard, ce sont de petits palais avec un grand luxe. On n'a pas grand chose pour 3,000 francs. Et nous avons vu des villas pas bien grandes louées pour six semaines 8,000, 10,000 et jusqu'à 12,000 francs!...

Heureux qui peut se payer ces locations, les faisant retenir à l'avance comme une loge au théâtre.

Ce n'est point encore Monsieur Tout le Monde.

Au-delà, c'est-à-dire de Rothéneuf à Cancale et de Saint-Lunaire à Saint-Briac, vous trouvez, dans des prix plus doux, de très gentilles demeures avec jardins plus ou moins fruitiers et d'agrément.

—

LES HOTELS

Mais pour quinze jours, il vaut tout autant aller à l'hôtel.

Dans vos pays, deux sortes d'hôtels, ceux qu'on est convenu d'appeler de premier ordre ; ça coûte de 10 à 20 francs par jour, quelquefois mieux. Les hôtels dits de second ordre, vont de 6 à 12 francs. La nourriture y est à peu près la même, meilleure peut-être ; mais moins de luxe dans le service et en général surtout de moins belles vues des chambres.

Puis viennent des petits restaurants où on est, ma foi, très bien — quatre à cinq bons plats pour 1 fr. 50 ou 2 francs.

Et on vous trouve à proximité des chambres en ville pour pas cher.

—

Je vais faire bondir les patrons de vos grands hôtels. Mais il faut cependant bien que je dise ça.

Ce qui manque dans tout votre pays, c'est un hôtel vraiment de luxe, de ces hôtels comme à Londres, par exemple. Ça coûte les yeux de la tête. Mais en y allant on sait ce que c'est et on en quitte en se disant :

— J'en ai pour mon argent.

Je finis en adjurant tous vos vatels de donner d'un peu meilleur cidre. C'est insensé que, dans le pays du cidre, on ne puisse pas trouver, ni pour or ni pour argent, autre chose qu'une sorte d'eau jaunie « qui est au cite ce que le vin de Suresnes peut être ..'. bon Bourgogne. »

Yann Nibor nous a vengés et je nous revenge tous en vous servant sa chanson qui, partout où il la dit, a un si franc succès.

Si parfois elle fait rire jaune les maîtres, les garçons et les accortes bobonnes se gondolent, surtout au refrain. La voici :

INTERRUPTION

Paris, 20 juin 1894.

Mon pauvre Vieux Corsaire,

Déveine pour moi, déveine pour vous. Pas moyen de finir. Voilà que le journaliste m'enlève. Pour où ? Le pays des Pharaons !.... et il emmène le peintre. C'est très beau d'être contemplée par quarante siècles. Plus beau encore de n'avoir que moitié moins de printemps.

Ah ! pour sûr, j'aimerais mieux la Rance.

Enfin, puisqu'il me faut lâcher le GUIDE, *continuez l'œuvre et expliquez aux populations pourquoi Faustine de P., ma sœur, ne nous accompagne pas.*

A la revoyance et d'amitié vraie,

MATHILDE DE P.
168, boulevard de Magenta.

PRÉFACE

Krédié ! tonnerre ! Ah oui, déveine et déveine noire. Et il va falloir que je potasse.

Je commence par la PRÉFACE. C'est pas tout à fait sa place au milieu du bouquin. Mais, ma foi, tant pis. C'est cette diable de démission qui en est la cause.

Il avait bien besoin d'aller en Égypte, le journaliste !.... Enfin, à l'ouvrage.

1° Expliquer aux populations pourquoi Faustine de P. n'accompagne pas sa sœur.

Je m'en contourne encore. Y en a plus de dix qui m'ont dit, au temps où paraissaient les récits, appuyés tantôt du seing de Mathilde, tantôt de celui de Faustine :

— Ah oui, mon gaillard, nous t'avons vu. Tu leur faisais la cour à toutes deux ; à la brune surtout. D'autres m'ont soutenu que c'était à la blonde.

Le malheur pour eux, c'est que Mathilde, qui est blonde et qui existe bien en chair et en os, n'a jamais eu qu'une sœur... imaginée par elle.

Et voilà. Et dire que neuf fois sur dix
c'est ainsi que s'écrit l'histoire!.....

—

Me voici donc condamné à finir le GUIDE.

Cependant, ce que c'était commode que
notre aimable Parisienne leur dise tout
cela sans jamais fâcher personne, privilège
des jolies femmes.

Ah, les jolies femmes! ce qu'elles font ce
qu'elles veulent en ce monde!

J'en rencontre une, l'autre jour, au bas du
tertre Montheilts à Dinard. Son cavalier, un
de mes amis, m'arrête et nous présente.

— Madame de Hatz.....

Je salue profondément.

— Le *Vieux Corsaire*, l'ami Bourdas, dont
je vous ai parlé, Madame.

C'est cet original qui a entrepris de faire
un pont sur la Rance et qui le fera.

La comtesse, après m'avoir bien toisé :

—Ah, vous voulez faire un pont, Monsieur.
Moi aussi j'en ai fait un, dans le temps. Ce
n'est pas difficile. J'amenai un jour l'Empereur sur le bord de ma rivière et je lui dis :
« Sire, voilà où il me faut un pont ».

L'Empereur appela son ministre des Travaux Publics; et, six mois après, j'avais mon pont.

Tué un instant, je ne pus que dire :

— Oui, Madame... malheureusement moi je ne suis pas une jolie femme; et..... nous n'avons plus d'Empereur..... heureusement !

Et je m'en fus mélancolique, songeant : J'ai eu tort de lâcher ce mot. J'aurais dû me rappeler qu'il y a deux sortes de personnes avec qui on ne doit jamais faire de politique : les femmes et les prêtres.

—

2° Donner la chanson de Nibor.

Eh bien, le chant de Nibor, je ne pourrai même pas vous le servir. Le *Vieux Corsaire* a bien donné, le premier, A TABLE D'HÔTE.

C'était donc de l'inédit, mais je remarque dans mon journal un tout petit renvoi : « *Cette scène peut être reproduite par les journaux ayant un traité avec la Société des Gens de Lettres* ».

Or, le GOLFE DE SAINT-MALO n'a pas de

traité. J'ai déjà été mordu par cette bonne Société et

Chat échaudé craint l'eau froide.

—

Mais, fini de rire ; et, après la préface, rentrons dans le vif du GUIDE, qui, jusqu'ici, l'a été bien peu, il faut en convenir.

Quelle école buissonnière nous venons de nous payer !

Enchanté, en tous cas, que LES HOTELS soient déjà faits, car personne ne les connaît moins que les gens du pays. Je ne voudrais pas affirmer que j'aie jamais couché à Saint-Malo dans une chambre d'hôtel, même dans celle de Chateaubriand, dans laquelle, d'après la légende des touristes, on paie cinq francs de plus par nuit pour le chic de dire : « J'ai couché dans le lit de l'auteur d'Atala ».

Chateaubriand, salut à ta grande ombre !

VICTOR HUGO.

Par exemple, j'y ai mangé souvent, à peu près dans tous ; et partout, je dois dire, 'ai trouvé la cuisine excellente. Trop de plats, peut-être.

Le reproche que j'ai entendu faire par les pensionnaires, c'est que c'était un peu toujours le même menu.

Je les ai vus se jeter sur le lard aux choux, la galette et autres choses simples comme dans les familles, quand le patron avait la bonne inspiration d'en servir.

—

LES CAFÉS

Mais, puisque nous avons mangé — tortillé, en langage noble ; boulotté, si vous aimez mieux ; cassé la boule de son, en langage Nibor — allons nous-en prendre le café.

Nos cafés, moins beaux qu'à Paris et même qu'à Marseille, où ils sont plus beaux qu'à Paris.

— Eh oui, ceux de la Cannebière, mon pitchoun.......

Il y en a cependant chez nous que bien des grandes villes nous envieraient, surtout à cause de la situation.

A certains jours d'été, la place Chateaubriand vaut certes le boulevard des Italiens et même la Cannebière. Ce sont les Parisiens

qui le disent; et ce qui donne du piquant à
cette foule, c'est cette dizaine de platanes,
beaux comme les arbres des forêts; ce vieux
donjon qui les grandit encore ; et à deux
pas, d'un côté, la plus magnifique plage du
monde; de l'autre, les steamers avec leur
sifflet strident; tout le mouvement d'un port
de commerce ; et, entre les deux, le Casino,
le tramway, les voitures.

Et à Paramé, et à Dinard. Quelles ter-
rasses idéales, avec vue sur la grande bleue !
Comme les poitrines s'y dilatent, quand
souffle une légère brise qui vous vivifie,
saturée par le salin des mers.

Les consommations y sont, hélas ! comme
partout. Le Madère vient rarement de
Madère et les autres apéritifs, s'ils ne coûtent que 6 sous, sont loin de valoir, pour
l'appétit et la santé, une promenade de
quelques kilomètres.

Le café est en général très bon, étant fait
en grande quantité et servi bien chaud.
Difficile cependant de faire le moka au goût
de tout le monde, les uns voulant de la
chicorée, les autres, pas.

Déplorable l'habitude que l'on a, même dans les établissements les plus chers, de vous servir sur la petite soucoupe les trois morceaux de sucre réglementaires — en Normandie, on dit des blocs.

Je prédis un vrai succès au patron qui vous servirait franchement le sucrier à bouche que veux-tu. Et je mets en fait qu'au bout de l'année il y gagnerait.

Il y a bien quelques goinfres et indélicats. Mais, Dieu merci, ce n'est pas la généralité. Voyez à Marseille. Dans n'importe quel café, demandez une absinthe ou un vermouth, on met la bouteille devant vous et on ne s'occupe pas de ce que vous prenez. C'est toujours 30 centimes ; et, par dessus le marché encore, de la glace avec, aussi à discrétion.

Eh bien, c'est du plus rare que l'on prenne la mesure réglementaire. Le client en qui on a confiance est presque toujours délicat.

C'est comme pour les books. Ici ils sont trop cher. Et j'assure belle recette au limonadier malin qui écrirait sur sa devanture :

BOOK A 25 CENTIMES.

Notez qu'il gagnerait encore plus de 50 0/0.

—

Dans notre pays, hélas! comme partout, les cabarets deviennent innombrables. Bientôt il n'y aura plus de consommateurs, tout le monde étant cabaretier.

Et déjà, dans certaines petites localités, ils sont obligés d'aller les uns chez les autres.

La police devrait bien surveiller un peu plus étroitement ceux où on laisse servir les jeunes filles.

—

Quelle différence entre un *café* et un *cabaret* ou *auberge?*

La ligne de démarcation serait assez mal aisée, si on ne prenait pour règle que le cabaret et l'auberge vendent du cidre, vous servent une beurrée au besoin ; parfois un bout de saucisse. Le café ne vend pas de cidre et ne donne pas à manger.

Dans les campagnes, partout où vous voyez
accroché un gros bouchon de gui, vous pouvez vous dire : — Ici on vend du cidre ;
parfois du très bon, bien meilleur que dans
les grands hôtels.

—

LES MAGASINS

De ce côté, Saint-Malo se dé-
crasse beaucoup. Autrefois, tous
nos rez-de-chaussée étaient des
caves ou des bureaux ; des comp-
toirs comme on disait.

En faisant sauter les murailles que l'on
remplace par des colonnes de fer et de grandes
glaces, on a créé plusieurs très belles bou-
tiques qui ne seraient déplacées nul part.

A Saint-Servan, de même.

A Dinard aussi.

Les plus remarquables, sont les magasins
de comestibles. C'est effrayant ce qu'il y
en a, et tous font des affaires, en maintenant des prix modérés. Il y a tant de passage, chez nous.

Par le fait, Saint-Malo est comme un grand *Louvre*, un grand *Bon Marché*, je dirai même un grand *Printemps*, pour n'avoir de préférence pour personne ; et, dans un très petit espace, on trouve de tout, sans compter que, de la halle aux légumes à la poissonnerie, à la halle à la viande et au marché aux fleurs, il n'y a pas beaucoup plus loin qu'entre les différentes sections des halles centrales.

Les légumes sont à très bon marché et exquis, les carottes et les navets de Rothéneuf poussés dans le sable, saturés de l'iode des goëmons, sont autrement bons et autrement sains que les gros légumes hâtivement venus dans la gadoue des grandes villes. La viande est très belle. Les étrangers reprochent à nos bouchers de ne pas savoir la couper, ou du moins de ne pas la couper à la mode de Paris.

Comme dans bien d'autres villes, hélas ! ils sont aussi un peu trop généreux de *réjouissance*, mot qui veut dire que ces messieurs se réjouissent quand, dans une pesée, ils vous fourrent par trop d'os, disant toujours aux cuisinières leur faisant la bouche en

cœur : « — N'y a que ça qui fait du bon bouil-
lon ».

Notre poissonnerie n'est pas ce qu'elle
devrait être. Je ne parle pas du bâtiment
qui a été raté et qui est beaucoup trop petit.
Il fallait suivre les plans de M. Houitte, un
de nos meilleurs maires, et exproprier le
pâté de maisons dans le sud.

Dans ce temps-là, on l'aurait eu pour
50,000 francs. Maintenant, ce serait beaucoup plus cher.

C'est triste à constater. Mais dans un port
de mer, dans une île, pourrait-on dire,
quand on veut être sûr d'avoir un beau
poisson, il faut écrire à Paris et payer 20
francs le bar qui, pris au bout du Môle, ne
nous revient qu'après avoir passé chez les
commissionnaires de la capitale, qui, eux,
l'ont payé 10 francs ici.

Il faudrait un règlement qui empêchât
cette exportation sur Paris. Et notez que
les mannées de mulets qu'on y expédie à
pleins wagons se vendent aux halles centrales
bien moins cher que chez nous.

Mais le pli en est pris.

Bientôt il ne nous restera plus que le ma-
queriau qui ne voyage pas bien et le lançon
qui ne voyage pas du tout.

Au gros lançon !
Au lançon frais !
En faut-il du gros lançon ?

Vous doutez-vous combien on vend, par
an, de ces équilles argentées (*ammodytes
lancea*) dont une friture vaut tous les jours
le fameux goujon de Seine ?

La pêche du lançon, monopolisée par
Saint-Suliac — moins deux chipes qui sont
du port Saint-Jean — rapporte, bon an
mal an, de 20 à 25,000 francs.

Mais ils sont une dizaine de bateaux
montés chacun par cinq pêcheurs. Les seines
coûtent très cher, chaque homme, par le fait,
n'a pas une grosse part d'argent.

Et *cette* argent, comme disent les gars, je
vous garantis qu'ils ne *la* volent pas.

« Au mois d'avril, à trois heures du matin,
y ne fait pas toujours gras *seuner* sur le
banc des *Pourciaux* ».

Rien d'amusant comme de voir, sur le pas

d'une porte, un lançonnier et une ménagère discuter le prix d'une assiettée de lançons.

La ménagère en remet toujours que le pêcheur, avec une égale dextérité, fait retomber dans le panier que l'on dirait plein de lingots d'argent.

Un conseil aux cuisinières étrangères. Le plus sûr moyen d'avoir bonne mesure, c'est d'offrir, par dessus le marché, un verre de schnik de la bouteille à Monsieur. Un coup de jos n'est pas à dédaigner non plus. Mais les lançonniers qui sont presque tous de vieux mann aiment autant le tafia.

—

Pour les fruits, je n'y comprends rien. Le pays en regorge et d'exquis. Nos *cœurs de pigeon*, nos cerises, nos *badious* sont superbes et plus *goûtés* qu'en aucun pays du monde.

Les poires, les pommes, comparables à celles de la Touraine. Nos espaliers produisent des pêches comme à Argenteuil. Les abricots *gâtés* et fendus au soleil viennent dans tous les courtils. A Quelmer, les prunes sont si abondantes que toutes les filles portent de la dentelle à leur bonnet.

Pris sur place, sauf les pêches et les abricots peut-être, tout cela ne vaut sou.

Sur le marché, les beaux fruit se vendent
au poids de l'or et même on n'en trouve
guère que dans les magasins spéciaux.

C'est un mystère que je n'ai pas encore
pu m'expliquer.

Mais j'ai souvent entendu gémir que, dans
les plus grands hôtels, on ne vous serve qu'un
dessert parcimonieux, de qualité inférieure
et nullement en rapport avec le reste de la
table.

EXCURSIONS

A PIED, A CHEVAL, EN VOITURE, EN BATEAU

J'allais oublier les **Bicy-clettes** qui deviennent de plus en plus triomphantes et je dois noter les **Ballons** qui nous ont déjà montré deux voyages très mouvementés et une chute en mer qui nous a fait inventer le fameux **BERTON POUR AÉROSTATS** qui nous valut compliments et citation de Pierre Giffard devant les trois millions de lecteurs du *Petit Journal*.

A PIED. — Nous voilà qui avons mangé la soupe à l'oignon du matin ou fait un plantureux déjeuner. Or, le meilleur apéritif, comme aussi le meilleur digestif connu, c'est le grand air et la promenade. Et si vos guibolles ne sont pas encore trop endommagées, je vous conseille l'*entreprise des frères Talon*. C'est encore la plus sûre et la moins coûteuse.

Inutile de vous recommander les talons
bas et les chaussures qui ne vous mettent
pas au supplice du brodequin. Rien de plus
bête que de faire petit pied et les agacins
et œils-de-perdrix sont une juste et sûre
punition de la coquetterie.

Tous les hygiénistes recommandent la
promenade ; et, avec l'eau froide et le lever
très matin, c'est la base du traitement du
fameux docteur Kneip. — Je vous confierai
que j'étudie sa méthode, et que je me suis
mis en tête de fonder, dans nos environs,
un établissement similaire. En variant les
courses pieds nus dans la rosée par des
courses dans les pétrolles marines, en joi-
gnant à l'hydrotérapie d'eau douce l'hydrotérapie de la mer avec ses principes iodés,
je crois obtenir des résultats surprenants.

En attendant, pro-
menons-nous ; et, par-
tant du pied gauche,
pedibus cum jambis,
payons-nous

LA PROMENADE DES REMPARTS

Elle a environ un kilomètre et demi, sans

autre interruption que la place Chateaubriand.

Commencez-la par l'escalier auprès de la
porte Saint-Thomas, ou par celui près de la
double porte Saint-Vincent.

Dans un quart d'heure, vous voyez tout
le pays, dix horizons variés, faisant le tour
de cette botte d'asperges avec un piquet au
milieu : Saint-Malo et son clocher.

C'est tout simplement idéal. Les Malouins
la font bien rarement. On n'apprécie pas ce
qu'on voit tous les jours et je connais plusieurs
saintes âmes qui n'ont jamais fait le tour de
nos remparts qu'à la fête des Rogations.

Ils sont élevés, nos remparts. Eh bien,
dans ses jours de colère, la mer les franchit
en vagues écumantes.

J'ai vu, derrière le Continental, tomber
des paquets de mer du poids de plusieurs
barriques et j'ai pour ainsi dire sauveté une
vénérable étrangère que la mer boulait tout
le long de la rampe située derrière le gymnase.

LE MOLE

Une promenade que les Malouins affectionnent davantage, c'est celle du Môle. J'en connais qui se passeraient plutôt de déjeuner que de leur « tour de Môle ».

Quand la mer est haute, on s'y croirait dans un vrai navire et nous avons vu des personnes qui se payaient un commencement de mal de mer en regardant le balancis des mâts des bateaux affourchés sur leurs tangons.

Dans les coups de vent, le Môle n'est pas accessible. Le gardien du phare court parfois de réels dangers, en allant allumer sa lanterne à l'heure réglementaire ; et plusieurs Malouins ont vu, un jour, avec nous, une baleinière de 22 pieds franchir le parapet, soulevée par une vague énorme, pour retomber de l'autre côté, à demi fracassée.

Pendant les Régates, le Môle est féerique ; et sous la tente dressée autour du phare, se presse la foule la plus élégante.

Charmante, le jour, cette promenade est encore bien curieuse par les belles nuits d'été, avec les feux des navires mouillés sur rade et ceux de nos phares.

Celui du Jardin, avec ses trois couleurs; Fréhel, avec son intermittence; les Bas-Sablons et la Ballue, feux fixes qui indiquent la passe.

Puis Dinard avec sa couronne de gaz et son palais de cristal à la base lumineuse.

Et, dans un avenir prochain, je vois la ligne droite de Bizeux coupant le ciel d'une flèche de feu, et toute cette magnifique baie du Prieuré éclairée de cent lampes électriques de cinquante pieds de hauteur, comme celles de la cour des Tuileries.

—

LE SILLON

Charmante promenade encore que celle du Sillon. Quand les embruns de la mer haute franchissent ses parapets, le tramway semble transformé en bateau à vapeur.

Mais pourquoi ces deux ou trois bicoques que l'on a laissé construire entre la mer et la route et qui déparent cette superbe promenade ?

Continuez-la jusqu'à Paramé par la digue, admirant les jolis châlets et les superbes hôtels qui la bordent.

——

Une promenade que bien peu connaissent, c'est d'aller de Paramé à Saint-Malo à mi-grève ou tout à fait au bas de l'eau.

Faites-la et vous verrez le pays sous un aspect tout nouveau.

Comme César, ayez soin de vous mettre le soleil à dos, c'est-à-dire qu'il faut, le matin, venir de Paramé à Saint-Malo et faire l'après-midi la promenade inverse.

A solis ortu usque ad occasum

Si vous voulez, prenez le train jusqu'à la gare; puis, promenez-vous dans les allées ombreuses du Chemin Pavé. Il y a par là, à découvrir, dix sentiers charmants, vous ramenant à Paramé par le Marais ou par la jolie coulée qui commence au Pont-Pinel; ou bien, descendant à Rochebonne, visitez le joli bourg de Saint-Ideuc ou la pointe sauvage et grandiose de la Varde.

Si vous vous sentez de force, poussez

jusqu'à Rothéneuf. J'ai connu des intrépides, comme un des administrateurs du *Figaro*, qui continuaient le chemin de ronde jusqu'à Cancale, se fourrant sept à huit lieues dans les jambes, mais déroulant un panorama splendide : les bois du Lupin, l'île Besnard, le Minga, la pointe de Cancale, avec la vue des îles Normandes ; et, dans un mirage lointain, le *Mont-au-Péril de la Mer*.

—

Vous pouvez encore, passant le Pont Roulant, ou vous payant pour cinq centimes la pittoresque promenade des bateaux du Naye, aller visiter Saint-Servan.

Mais c'est navrant.

L'antique cité d'Aleth qui devrait être la plus jolie ville du littoral n'est guère qu'une ville de l'intérieur, semée de bosquets, mais inférieure à Evreux, la ville aux jardins ; et à tant d'autres.

Saint-Servan est à créer à nouveau et il faudrait, pour cela, tailler dans le vif : faire le quai projeté depuis longtemps, de la place du Naye à l'entrée de la Cité.

Tout autour de la Cité, en dessous des

remparts, ouvrir un chemin de ronde de deux mètres franchissant les anciens chantiers Le Normand, passant par devant la *Conil* et la *Mercière* pour revenir, au Puits de Marée, rejoindre le chemin de la Corderie.

Puis après? — Après avoir passé Solidor, ancien port de Marine où autrefois se construisaient les frégates, il faudrait couper les propriétés privées et, pour ne pas gêner leurs heureux possesseurs, y faire, aussi près que possible du rivage, un chemin de ronde qui ouvrirait aux promeneurs les horizons merveilleux du jardin de la Marine, des Corbières, de l'Artimon, de l'Amélia, de la Roche-aux-Mouettes (ex-Rivoli).

Puis, par un ponceau vous franchiriez l'anse des Fours-à-Chaux; et, traversant les très beaux terrains encore vierges de constructions du grand champ de M. Le Normand, vous arriveriez, par la continuation du chemin de ronde, à contourner le Vaux-Garni, la Petite et la Grande Briantais.

Vous auriez là une promenade d'environ cinq kilomètres comme il n'en existe peut-être aucune autre comparable au monde,

s'il n'y avait, de l'autre côté de la Rance,
LA VICOMTÉ.

—

LA VICOMTÉ

C'est encore une promenade que l'on peut
faire à pied. Pas cependant sans traverser l'eau, si l'on se trouve sur la rive droite
du fleuve.

Deux voies : à Saint-Malo, le Bac qui
vous conduit à la cale du Bec-de-la-Vallée.
A Saint-Servan, d'excellents petits voiliers, conduits par des bateliers expé-
rimentés et qui, en un tour de main,
vous débarquent dans l'anse de la Pêcherie,
au cœur même de la propriété.

— Le tour de main peut varier de dix minutes à une demi-heure, suivant la brise et
la marée.

On dit, d'ailleurs, que, dans un temps
rapproché, ces voiliers seront remplacés par
de petits bateaux à vapeur : ce qui abrége-
rait singulièrement et régulariserait d'une
façon remarquable la durée du passage, et
faciliterait énormément les communications
et les approvisionnements.

Dans ces conditions, le trajet de cale à cale ne dépasserait certainement pas cinq minutes, et pourrait s'effectuer par tous les temps.

—

Je vous suppose débarqués au Bec-de-la Vallée. Vous traversez tout Dinard, par la Grande-Rue, jusqu'à la place de l'Eglise.

Et vous vous dites tout le temps, en voyant les cinq à six échappées d'où vous découvrez l'horizon splendide de la baie : Mais pourquoi a-t on laissé accaparer cette vue ? Pas une seule maison n'aurait dû être bâtie entre l'admirable corniche et la mer.

Comme à Saint-Servan, il n'y a qu'un remède. Faire, au dessous des propriétés, un quai de 20 mètres de large, reliant le Bec-de-la-Vallée au Prieuré.

Si vous voulez voir comme ce quai serait joli, suivez à pied, quand la mer est basse, cette route par la grève, en dessous des maisons.

Dans l'été, quand il n'y a pas de *doucin*, on peut s'en tirer, même avec des chaussures légères.

Si vous avez suivi la grande route, après avoir fait les réflexions ci-dessus, vous voilà à la place de l'Eglise.

Penchez-vous derrière le Calvaire. Vous aapercevez la magnifique grève du Prieuré surmontée de grands coteaux ombreux.

Voyez-vous tout ce haut plateau boisé ? Vous y suivez de l'œil un cintre absolument horizontal.

C'est par là, très probablement, que se fera la ligne de tramways reliant Saint-Malo-Saint-Servan à Dinard, après avoir passé sur le pont de Bizeux.

Traversez la grève, jusqu'à la petite anse de Port-Nican. A votre droite, les importants fours à chaux de M. Blanchet. A votre gauche, le château à toit plat du *Tertre-du-Buisson*, appartenant à la famille Féart dont le chef, préfet d'Ille-et-Vilaine sous l'Empire, peut être considéré, par son intelligente initiative, comme un des fondateurs de Dinard.

Vous prenez, entre les deux, ce délicieux sentier qui monte entre une fraîche prairie et des bois taillis semés de pins et de cèdres vigoureux.

Vous arrivez à l'amorce du grand boulevard de la Vicomté.

Longeant, pendant une centaine de pas, un
grand mur, puis tournant à gauche, un cri
d'admiration vous échappe quand, arrivant
dans les champs du *Gerdelé*, l'horizon se
découvre tout à coup comme au lever de
rideau d'un théâtre : la haute mer avec ses
îles et son infini ; les palais de Dinard enca-
drés dans la verdure ; par dessus encore
des échappées de mer bleue et les hauteurs
du cap Fréhel ; Saint-Malo, Paramé, Saint-
Servan.

Vous arrivez à une rangée d'arbres verts.
Continuez le boulevard, si vous voulez, ou descendant vers la mer le long de
ces pins, prenez le chemin de ronde dont
les sentiers ombreux vous font passer près de
la *Pierre qui Tourne*, sorte de gros dolmen.

A côté, une charmante petite presqu'île,
sorte de rocher, couronné de deux pins et
où on accède par un petit sentier rus-
tique.

Port-Siboullière, charmante petite grève, la
Plage Rêvée du tableau qui eut tant de succès

au Salon et qu'a reproduit le *Soleil Illustré*
du 9 août 1891.

Vous arrivez à la pointe de la Batterie.

Du petit fortin que l'on voit encore, quatre
caronades commandaient autrefois l'entrée
du fleuve.

Elles ont dû rentrer sous terre en voyant
monter à la Cité ces gros canons qui vous
crachent, à huit kilomètres, des obus de 400
kilos.

Du sommet de cette pointe, au-dessus de
la hampe de pavillon, c'est la vue la plus
complète.

Figurez-vous installé avec une lorgnette
sur une tourelle haute seulement de trois
étages. Vous découvririez tout le pays et votre
œil suivrait les méandres de la Rance, presque
jusqu'à Dinan.

A cent mètres en amont, avant la petite
baie de la Pêcherie, par le travers d'un très
grand sapin qui se trouve dans un bois de
jeunes hêtres, un gros rocher descendant
jusqu'à l'extrême bas de l'eau, dans le lit
même de la Rance.

C'est là que, forcément, s'établira la pile

du Pont de Bizeux, côté Dinard. Et vous voyez indiquée son amorce très probable par l'*Avenue de Bizeux*.

Puis après, ou la continuation du Chemin de Ronde sur 2 kilomètres de Rance ; ou l'*Avenue du Manoir*, cette splendide allée avec sa quadruple rangée d'arbres.

—

Au temps jadis, comme tous les plus beaux sites, la Vicomté fut possédée par des religieux. Ce devait être une sorte de ferme ou de maison de campagne dépendant de la célèbre abbaye du Prieuré.

Puis la Vicomté devint abbaye elle-même avec donjon, cour d'honneur et fossés remplis d'eau, aussi une chapelle qui a disparu et dont les tombes doivent être ensevelies dans le grand champ, devant le manoir.

Cette construction remonte à plus de 700 ans et peu à peu le manoir s'était à nouveau transformé en ferme.

Pendant longtemps, ses immenses salons aux magnifiques boiseries de chêne, que les propriétaires actuels ont soigneusement conservées, servirent de corps de garde au poste

des douaniers qui avaient leur embarcation
sous le gros morne où vient aboutir aujour-
d'hui l'*avenue Bruzzo.*

——

En remontant très loin, cette terre avait
appartenu aux sires de Pontual et de la
Baronnays ; ensuite à la famille Chauchard
du Mottay.

Des Chauchard du Mottay, la terre était
passée à la famille Rosse, de Saint-Servan.

Il y a une cinquantaine d'années, arrive
chez nous M. Bruzzo, inspecteur général
des finances, maire de Dinard-Saint-Eno-
gat, et certainement un de ceux qui ont le
plus contribué à imprimer l'élan à cette ville
naissante.

On dit même que c'est lui le véritable
auteur du projet de ce magnifique boulevard
qui traverse la ville dans toute sa longueur.

Il devient quasi Malouin par son mariage
avec Mlle Legg-Dufresne.

Appelé pour un bornage du Domaine de
l'Etat, il est amené sur la Vicomté. Devinant
de suite l'avenir de cette propriété, il achète
de M. Rosse l'ancien manoir et une trentaine

d'hectares qui en dépendaient. Peu à peu, par l'acquisition de quelques champs, il complète la propriété actuelle, qui, toute d'un tenant, comprend exactement quarante hectares — 400,000 mètres carrés — tout en la commune de Dinard, à l'exception d'un petit bois situé sur le territoire de la Richardais.

M. Bruzzo, homme de goût, s'occupe de boiser ces coteaux splendides, mais qui, jusqu'à lui, n'étaient guère que des jeannaies.

Il plante hêtres, pins, tilleuls, tous ces charmants bois qui font de la Vicomté un endroit délicieux.

Et l'on comprend que la reconnaissance ait donné le nom de BRUZZO au grand boulevard qui coupe, dans toute sa longueur, cette propriété réellement idéale.

Elle advint par succession à M. et Mᵐᵉ Richelot, cette dernière nièce de Mᵐᵉ Bruzzo, et déjà propriétaire à Dinard de la belle terre de la Corbinais.

La Vicomté appartient aujourd'hui à l'aînée des Dˡˡᵉˢ Richelot, mariée à M. A.

Joyau, ancien magistrat, issu d'une vieille famille de robe, de Nantes.

M. et Mme Joyau se sont décidés à laisser enfin connaître et à mettre en valeur ce coin de terre unique.

A peine les boulevards créés par eux, en 1892, sont-ils terminés que les équipages de maîtres les sillonnent. Les notabilités du pays s'empressent d'y venir. C'est le Long-champs, c'est le bois de Boulogne incontesté du high-life dinardais.

De Saint-Malo, de Saint-Servan, de Dinan même on y vient en excursions.

Le Chemin de Ronde élargi et naguère fréquenté par les seuls douaniers de garde est émaillé de fraîches toilettes.

Cette terre a par elle-même une valeur énorme incontestable.

Quel prix atteindra-t-elle, si jamais le pont de Bizeux se fait?

—

LE PRIEURÉ ET LA BELLE-ISSUE

En nous rendant de la cale de Dinard à la Vicomté, nous avons passé par dessus. C'était

que nous craignions de ne pas être rendus en
même temps que ceux qui arrivent par les
petits bateaux de Saint-Servan.

L'endroit mérite cependant qu'on s'y
arrête. Ce fond de baie est un des plus beaux
que l'on puisse voir, avec ses vertes prai-
ries si bien vallonnées et le coteau couronné
d'arbres vigoureux.

—

Presque toutes nos grèves sont aspectées
au nord.

Celle du Prieuré, une des plus belles de
la région, regarde le soleil levant et c'est ce
qui fait sans doute que l'eau y est plus chaude
de plus de deux degrés que partout ailleurs.

Le *gulf stream* peut bien être pour quelque chose dans la température extraordinaire
de tout le terrain avoisinant cette baie.

Mais enfin sa tiède influence se fait sen-
tir sur toutes nos côtes, qui marquent
toujours trois ou quatre degrés de moins
froid que dans l'intérieur des terres.

Et cependant les coteaux de la baie du
Prieuré sont encore de deux degrés plus
élevés que le reste de la côte.

La preuve : les arbres fruitiers y fleurissent quinze jours plus tôt que dans les autres jardins ; les rhododendrons de la villa Nahant y devancent de beaucoup les autres ; les camélias y viennent grands comme des pommiers et les chrysanthèmes y sont dans toute leur beauté, longtemps après que, partout ailleurs, la gelée et la neige les ont tués.

Notons en passant que la neige est une quasi-rareté sur nos côtes. Quand il en tombe beaucoup, elle y est déjà fondue qu'il en reste encore plusieurs pieds dans l'intérieur des terres.

C'est cette chaleur de l'eau qui explique la vogue des BAINS DU PRIEURÉ.

Il n'y a pas deux ans qu'ils sont créés et déjà les baigneurs s'y pressent. C'est peut-être là qu'on voit les toilettes de bains les plus élégantes et ils sont si correctement tenus que les Dames Trinitaires, dont le joli pensionnat domine la baie, n'hésitent pas à envoyer leurs jeunes filles.

———

C'est là que se fondera certainement un

jour la Station hivernale tant préconisée depuis près de dix ans et qui, du reste, se fait d'elle-même, chaque année, par la force des choses.

Le climat est délicieux.

Que demandent de plus les familles qui restent chez nous l'hiver?

Un peu de distractions et des approvisionnements faciles.

Plus ça va, plus partout il s'installe de beaux magasins et il y a bien peu de villes de province où on se distrait maintenant pendant l'hiver autant qu'à Dinard.

Cette situation de la Belle-Issue est complète : tout près de l'église ; traversée par deux grandes routes ; végétation luxuriante ; sources d'eau de roche excellente ; gros ruisseaux, ne tarissant jamais.

La preuve, c'est qu'il y avait là, autrefois, un moulin d'eau douce.

Vue féerique : Saint-Malo, Saint-Servan, l'embouchure de la Rance, les coteaux de la Vicomté, le Dinard actuel, la haute mer piquée de ses îlots.

En pleine dune, vous avez des peupliers de

plus de 4 mètres de circonférence ; des acacias
et des ormes presque aussi gros, dont les racines baignent dans la mer ; sur les ruines
de l'abbaye, du lierre comme de vrais arbres.

Il y a là où faire une propriété princière
ou cent chalets plus jolis les uns que les
autres et qui, bâtis en échiquier, ne se gê-
neraient nullement pour la vue.

—

L'objection. Pourquoi alors n'a-t-on pas
déjà, depuis longtemps, bâti par là ?

Une raison bien simple. Les heureux propriétaires étaient jaloux de ces vues incomparables et ne voulaient les céder ni pour
or ni pour argent. Et voilà plus de quarante
années que M. Le Normand, du Havre,
avait offert un prix énorme d'une petite
partie pour y établir ses chantiers de constructions.

Mais aujourd'hui, la valeur des terrains
est devenue tellement grande par le trop
plein du vieux Dinard, *dont presque tous
les beaux points de vue sont maintenant pris,*
que les propriétaires se décident à céder
quelques coins.

Quelques-uns sont presque historiques.

Une des plus jolies promenades est d'aller, l'après-midi, visiter les coteaux de la Belle-Issue et l'antique abbaye du Prieuré. L'ancienne chapelle qui n'a plus de toit forme une salle verte comme on n'en voit pas d'autres, avec son gros figuier qui a percé un mur pour chercher la chaleur et dont les branches tortueuses abritent une Vierge de Bysance très curieuse.

Elle date de Charlemagne, quand le grand empereur vint reprendre notre pays, un moment conquis par les Sarrasins de Soliman. sous la conduite de son lieutenant Solidor.

A la Cité, près la grande porte de la Marine, regardez au-dessus du bureau de tabac actuel. A l'angle du toit, vous voyez une terre cuite vernissée, représentant un guerrier à cheval — « C'est le petit Solidor », vous diront tous les enfants de l'endroit.

Dans la chapelle du Prieuré, on remarque encore des tombeaux de chevaliers d'une très belle conservation. Ce sont ceux d'Oli-

vier et Geoffroy de Montfort, fondateurs en
1321. Les enfeux sont ornés de pampres de
vignes, de lierres, de bignones harmonieuse-
ment entrelacés. Il est difficile de s'arracher
à ces endroits si poétiques. La végétation y
est plus forte, plus belle et les moindres
choses ont un caractère mystérieux, indéfinissable.

Les artistes y reçoivent un accueil gra-
cieux et nous avons vu de charmantes
études, œuvres de M. Lionel Royer, le
peintre de *Charette à Patay* et de tant d'autres bonnes toiles.

Demandez à MM. du Reposoir la permission de visiter la tonnelle du jardin et vous
aurez de là une vue que vous ne trouverez
nulle part ailleurs.

C'était l'endroit favori des princesses
d'Orléans, pendant l'été qu'elles passèrent à
la villa de la comtesse Klesckoska.

—

Les Sarrasins ne sont point à Dinard le
seul souvenir historique. Au-dessus de la
vieille cale, on voit encore, avec ses tou-
relles pointues, la *Maison du Prince Noir*.

On assure qu'un souterrain existe, permettant d'aller s'embarquer très loin dans la baie.

Le Prince Noir guerroya longtemps par là contre les troupes du « bon connétable » et les peintres qui cherchent des sujets neufs pour le Salon n'auraient qu'à ouvrir nos chroniques pour en trouver de magnifiques.

—

Vers l'an 1379, le duc Jean IV était allé en Angleterre traiter avec Richard II qui s'engagea à lui fournir 2,000 hommes d'armes et 2.000 archers pour combattre le roi de France.

Après un voyage très mouvementé, rempli d'incidents curieux, au bout de 14 jours de navigation, il entra enfin en Rance, sous Dinard, dans le dessein de se rendre à Dinan.

La noblesse et le peuple allèrent au devant de lui avec une joie extrême.

« On voyait, écrit dom Lobineau, les plus grands seigneurs armés richement, vêtus de même, se jeter dans les flots pour approcher du vaisseau du duc.

« Ils se mettaient à genoux dans la mer même, pour le saluer, en sorte qu'il y en avait qui se mouillaient jusqu'au menton. »

Les plus considérables entre ceux qui vinrent à la rencontre du duc, furent Charles de Dinan, seigneur de Montafilant; les sires de Beaumanoir et de la Hunaudaye ; le vicomte de Dinan et de Solidor ; le sire de Saint-Gilles et le sire de Montauban.

On y compta 300 lances.

—

N'est-ce pas simplement merveilleux ; et, pour achever cette page grandiose, ou plutôt éveiller dans l'esprit de nos artistes, à côté de tout ce fouillis de grands seigneurs et de grandes dames, de peuple aux costumes bariolés entassés sur les collines d'alentour et se mettant dans l'eau jusqu'aux aisselles pour approcher de plus près le vaisseau de Mgr le duc, oyez encore cet épisode :

Le duc, arrive en Rance avec Hüe de Caverlé et Thomas Percy. Les vaisseaux qui portaient son trésor n'ayant pu rentrer étaient restés en arrière.

Des navires français et espagnols qui croisaient dans les parages vinrent fondre dessus. Hüe de Caverlé commanda au pilote de son navire de « tourner sa proue » contre eux.

Ce dernier ne s'en souciait guère, paraît-il, mais Caverlé lui fit de si grandes menaces que force fut de le mettre au milieu des ennemis.

Le vaillant homme les attaqua à coup de trait pendant que les vaisseaux de charge entraient dans le port.

Puis il leur donna la chasse et ils disparurent à l'horizon.

Le Connétable Duguesclin que Charles V avait envoyé en Bretagne après le retour du duc de Bourbon et qui était entré dans le pays par Pontorson, se trouvait à St-Malo.

Il vit, du haut des tours, le combat de Caverlé. Lui et les siens faisaient des vœux pour cet admirable guerrier.

Duguesclin dut même, si on en croit un auteur, dire publiquement « qu'il eût mieux aimé voir tous les Français périr dans ce combat, que de voir arriver rien de fâcheux pour ce brave homme... »

Le duc se rendit à Dinan, dont le gouverneur, nommé Guité, avait été des premiers à le reconnaître ; et il alla loger dans le couvent des Frères Prêcheurs.

—

Au moins dix personnes renvendiquent l'honneur d'avoir fondé Dinard.

Pour moi, le véritable fondateur fut un Américain, M. Coppinger, le premier qui, il y a quelque quarante ans, osa audacieusement planter un splendide château sur la crête nue de la falaise.

Le château est aujourd'hui entouré de très beaux arbres et des douzaines d'autres sont sortis de terre, tout à l'entour, comme sous la baguette d'une fée.

La famille Poulain du Reposoir, une des plus anciennes du pays, contribua, elle aussi, grandement à l'essor de Dinard. C'est elle qui a donné tous les terrains de l'église, du presbytère et de ses jardins ; plus d'un hectare qui, aujourd'hui, vaudrait bien 20 francs le mètre.

C'est la création de cette église qui a

déplacé le centre, autrefois autour de Saint-Enogat.

C'est du portail de la Belle-Issue que fut décrétée, par le Préfet, l'ouverture du boulevard Féart.

Il n'est pas trop tôt que les enfants de M. du Reposoir récoltent les fruits de ce que leur père, un des hommes les plus considérables et les plus estimés, sema avec tant de désintéressement ; et la commune de Dinard se fût honorée en concédant au moins dans son nouveau cimetière une place à celui qui avait tant fait pour elle.

—

J'allais oublier une des promenades pédestres les plus usuelles, la visite au tombeau de Chateaubriand.

Le comble de l'orgueil, pas même un nom sur la pierre.

Le Grand-Bey appartient maintenant à la Ville. Elle doit bien une petite restauration au tombeau de l'écrivain qui fut une de ses gloires.

Le Petit-Bey, également à la Ville, est

très curieux à visiter, quoique d'un accès assez peu facile.

Choisissez une grande marée, et demandez la très grosse clef au concierge de la Mairie.

Plusieurs originaux ont désiré le louer pour en faire une salle de travail.

—

Si vous n'êtes pas asthmatique, montez dans le clocher de la cathédrale. L'escalier est moins dur que celui du *Kreisker* et la vue vous paiera largement votre ascension.

L'entrée est après la voûte de la rue Porcon-de-la-Barbinais.

—

PROMENADES A CHEVAL. — Les étrangers se plaignent de ne pas trouver de chevaux à louer. Cependant, depuis quelques années, il y en a à Dinard.

A Paramé, une tentative n'a pas réussi.

L'affaire, montée honnêtement, nous semble cependant avoir de grandes chances de succès.

PROMENADES EN VOITURE. — Où est le temps où Saint-Malo comptait en tout deux équipages, celui de M. de Bachasson, receveur des finances, et celui d'une vieille Anglaise, Mme Grant ?

Il est vrai qu'à cette époque, pour rentrer la nuit, dans nos vieux murs, il fallait permission du commandant de place, abaisser le pont-levis ; toutes les herbes de la Saint-Jean, quoi !

Aujourd'hui, il n'y a guère de fermier qui n'ait sa carriole. Les maringottes des bouchers rivalisent d'élégance et surtout de vitesse avec les dog-cars.

Aux courses du Bois-Thomelin, on compte 300 entrées de voitures, parmi lesquels de nombreux landaus, des mail-coachs et des breaks attelés avec une correction impeccable.

Plusieurs seraient remarqués, même au Bois. Et au bois de Boulogne de Dinard, c'est-à-dire sur les boulevards de la Vicomté, on a pu noter, se suivant, dans moins d'une heure, soixante-dix équipages de maîtres.

Les voitures de louage ont aussi fait de

grands progrès. Les anciens peuvent encore se rappeler l'unique coucou avec son énorme capote qui faisait le service entre Saint-Malo et Saint-Servan par la grève de Chasles, passant cahin-caha avec son haridelle le lit non canalisé du Routhouan. Nos locati ne sont pas encore toutes des *Grandes Remises*; et il serait à désirer que, comme à Paris, on fît passer l'examen à certains cochers avant de les admettre ; peut-être aussi qu'on leur imposât un uniforme.

Mais enfin nos voitures s'améliorent chaque jour et valent déjà celles de beaucoup de villes importantes.

Il serait à désirer que les municipalités établissent des tarifs bien clairs et que Messieurs les cochers voulussent bien s'y conformer.

Mais voilà. Ils sont électeurs ici et les touristes votent... ailleurs.

D'où la mansuétude, beaucoup trop grande, des maires des quatre villes envers les cochers.

On trouve maintenant à louer de très bonnes voitures bien attelées et que l'on peut conduire soi-même.

Je ne finirai pas sans envoyer un juste tribut à l'adresse des conducteurs de nos immenses omnibus, plus grands ici que partout ailleurs, qui manœuvrent dans nos rues si étroites avec une précision merveilleuse. Mais eux et tous les autres devraient bien parcourir à une allure un peu moins vive nos artères si encombrées.

Seulement la loi doit être la même pour tous et je n'ose plus crier contre les cochers depuis que j'ai vu l'équipage d'un Sous-Préfet descendant, à fond de galop, la rue de Dinan.

Ah! si j'avais été seulement garde champêtre!....

—

PROMENADES EN VOITURE. — De Saint-Malo : la Guimorais, Cancale, le Bois-Renou, Jouvante, Châteauneuf, St-Suliac, etc., etc.

De Dinard : le Décollé, le Bois-Thomelin, Saint-Briac, le Guildo, le cap Fréhel, les étangs de la Crochais, les roches de Lémon, en Plouër.

Là ousque les filles vont se dérubler
Pour avoir un épouseux dans l'année, etc.

BATEAUX A VAPEUR

Les vapeurs de Southampton sont d'excellents bateaux de mer, faisant le voyage, on peut - dire, par tous les temps. Quoique spécialement destinés aux marchandises, ils ont de jolis salons et la traversée de 12 heures s'y fait sans trop d'ennui.

De Jersey à Saint-Malo, on peut compter 3 heures 1/2, de quai à quai.

La vieille *Alliance* est un bon bateau à roues, mais qui couche un peu trop au vent. Il est devenu insuffisant pour les foules de l'été. Nous y avons passé un jour, nous, 420°. C'était de trop, si le mauvais temps qui menaçait avait éclaté en route.

La preuve, c'est que la tempête étant venue, on nous fit rapatrier par le *Laura*, du double plus grand.

Le *Laura* est, croyons-nous, de 600 tonnaux. Il faudrait, sur Jersey, un bateau de 400 à 450, au moins.

Je ne vous décrirai pas la promenade à l'Ile. Tous les touristes veulent la faire. Elle est charmante de tous points, sauf quand il y a un peu de mer, les *restitutio in integrum* trop fréquentes.

Et rien n'est pénible comme de voir une jolie bouche se contracter dans les spasmes de l'*effarage*.

L'Ile est propre comme un sou. C'est uu grand parc et d'immenses voitures avec guides bien stylés vous la font visiter agréablement pour pas trop cher.

Les voitures de louage sont aussi à bon compte et propres.

On en trouve de fort bien attelées, à louer, pour conduire soi-même.

— Cochers, attention ! c'est le contraire qu'en France, pour se ranger. La gauche devient la droite et *vice-versa*.

Il y a de beaux magasins et les marchands jersiais ont une dextérité admirable pour vous fourrer tout ce dont vous n'avez pas besoin. Les bonnes choses sont au moins aussi cher qu'en France, et, quand on arrive à la douane, il y a gros à débourser. Le mieux cependant est de tout déclarer et rien de bête comme de se faire prendre, tel ce monsieur qui paya 800 francs pour quelques mauvais cigares qu'il s'obstinait à cacher.

Pour les fumeurs français, le tabac anglais est détestable, le blond aussi bien que le noir. A moins de mettre cher, des cigares en apparence très beaux, ne sont pas fumables. Les cigarettes sont meilleures.

Los hôtels sont au moins aussi chers que chez nous. La table y est abondante ; la cuisine moins délicate que la cuisine française.

Somme toute, c'est une île charmante où les louis fondent rapidement. Tout coûte un schelling et les Jersiais s'arrangent de façon que le change soit en leur faveur.

—

Des bateaux, très bons bateaux de mer, mais plutôt cargo-boats, font le service entre Saint-Brieuc et le Havre avec escale sur la côte. Les passagers s'en servent jusqu'ici assez peu.

Et cependant, dans la belle saison, on peut faire, à leur bord, à bon compte, de fort jolies traversées.

—

Des bateaux du Bac, tout a été dit. Leur excuse c'est qu'ils ont un service des plus durs et des cales absolument insuffisantes avec les tirants d'eau qu'on leur a concédés.

Il faudrait, pour les avoir propres, des bateaux pour passagers et d'autres pour les grosses marchandises telles que la viande, le charbon, les planches, etc.

Comme l'*Alliance*, les jours de foule, ils dépassent aussi leur maximum de charge. Personne ne surveille.

Si cela permet à la Compagnie d'encaisser 1,000 francs de recette par jour, sur une seule ligne, cela constitue un danger pour les passagers.

Du reste, ce maximum de charge n'est pas rationnel. Il devrait être variable. Par temps calme, on peut le dépasser impunément. Par grosse mer, prenant le bateau par le travers, il permet bien trop de monde.

—

Les steamers qui font le service de la Rance sont assez bien appropriés et n'ont que trop de vitesse. Mais, pour Dieu, qu'ils cessent donc ces joutes qui effraient parfois, non sans raison, les voyageurs.

Ils se sont abordés un jour et ont, bien d'autres fois, manqué de le faire.

A leur place, au lieu de tenir presque toujours le milieu du fleuve, quand la mer le permet et qu'on a un peu de temps devant soi, je ferais ranger les côtes et contourner les anses pour la plus grande joie des touristes.

Des pilotes sûrs ne sont pas si difficiles à trouver en Rance.

—

De véritables bateaux excursionnistes, nous n'en avons pas encore. Et ceux des divers services que l'on détache pour les excursions ne sont ni faits ni aménagés pour cela.

En tous cas on a sagement fait de leur interdire Jersey. Par grosse mer, le cap Fréhel, Granville et le Mont Saint-Michel, c'est déjà loin.

Et quand on va à Chausey et que le temps menace comme j'ai vu, il faudrait quelqu'un pour empêcher de prendre trop de monde.

Méfiez-vous aussi des prétendus buffets où on ne trouve parfois que du madère et des gâteaux secs. Les quelques douzaines de sandwichs et le jambonneau, quand il s'en trouve, sont vite accaparés. Mais je parle d'il y a quinze ans et depuis tout cela a fait bien du progrès.

C'est égal, portez toujours un bon panier. S'il en reste, ainsi que des fioles, donnez-les à l'équipage qui ne crachera pas dessus.

Il y a longtemps que je l'ai dit. Un bon bateau d'excursions, absolument fiable et aménagé *ad hoc* ferait de l'or.

Je crois aussi que quelques chaloupes à vapeur, louées à des prix modérés, feraient gentiment leurs affaires.

BATEAUX A VOILES

C'est à peu près comme pour les voitures.

De même qu'il n'y avait qu'un coucou pour traverser la grève de Chasles, il y a quelque trente ans ; en dehors des bateaux à voiles du Bac, excellents bateaux de mer, mais n'ayant aucune vitesse, ni à la voile ni à l'aviron, il n'y avait qu'un seul borneur à faire le passage, antique péniche à clins, nommée la *Vieille-Sentinelle*.

Puis, la *Sentinelle*, la *Perruche* etc.; tous les jours, nos braves borneurs, augmentaient un peu le tirant d'eau, et, partant, la mâture.

Aujourd'hui, ce sont de vrais yachts, avec quille en fonte, espars insensés, voiles en coton premier brin.

Le *Georges-Edouard*, l'*André-Marcel*, le *Neptune*, le *Saint-Germain*, et d'autres que j'oublie, sont des bateaux de première marche, absolument fiables et avec lesquels on peut faire toute la côte, sans compter que les patrons sont presque tous d'anciens marins bien élevés et ayant dans leur sac pas mal de bonnes histoires.

Ce qui fait tort au métier, c'est qu'on ne surveille pas assez étroitement quelques apprentis marins qui se permettent de détacher les bateaux et de les conduire sans droit : témoin cette nuit fatale où les élèves du *Borda* chavirèrent le long du *Bougainville*, en rade de Dinard. Ils étaient dix-neuf; et ce fut miracle si, dans ce courant de foudre, il ne s'en noya que deux. Ce n'en était pas moins épouvantablement triste.

—

Si vous voulez vous payer une bonne journée, c'est de louer un de ces borneurs.

N'oubliez pas le panier de provisions, les pardessus et les shalls.

Vous partez avec calme et pouvez parfaitement revenir aux bas ris, couverts par la mer.

C'est ce qui fait le charme et l'imprévu

de ces parties. La Grande Bleue est plus ca-
pricieuse qu'une jolie femme.

Pour pêcher, chaussez-vous
d'espadrilles et arborez crâne-
ment la casquette *yacht*. Elle
n'est déplacée nulle part et sied aux plus
olis minois.

Faites-vous conduire, suivant le temps et
la marée, à Cézembre, La Conchée, les Hâs
de la Conchée, pour l'ormée ; l'île Harbour,
Mouillé, le Haumet, les Ebihens, les Che-
minées, pour la crevette. Puis encore, l'île
Ago, le fort Lalatte, le cap Fréhel avec ses
grottes et son ascension. Si vous voulez
prendre du poisson en masse, poussez jusqu'au Grand-Légeon, en baie de St-Brieuc ;
ou, de l'autre côté, aux îles Chausey.

—

Et les excursions en Rance !

Montez avec le flot. Allez quelque part
déjeuner sur l'herbe. Redescendez avec le
jusant et vous aurez fait une promenade
inoubliable.

—

Qui n'a vu la Rance qu'en vapeur, a fait un charmant voyage, mais ne la connaît guère plus qu'une contrée que l'on traverse en chemin de fer.

Nos braves borneurs vous en feront apprécier les beautés les plus cachées.

Comme atterrissages, je vous indiquerai, sur la rive gauche : la Vicomté, la Richardais, la pointe de Cancaval, Jouvente, la Landriais, le bois du Moulin de Garel, la Herviais, dans l'anse de Fosse-Mort, derrière la Banche; Beauchêne, Rigourdenne, la Souhaitier avec sa chapelle; la Roche, avec ses vieilles tours et ses grands bois; le port Saint-Hubert et Gibraltar; le Chêne-Vert, avec les merveilleux rochers de Péhou et, dans les pins, la grotte de la bienfaisante fée Claudrine Bonne-à-Beurre; le joli village de la Matz, le Chatellier; et, enfin, l'écluse de Livet.

Sur la rive droite, après avoir passé la

Briantais, vous voyez : les deux Florides,
dans le fond de la baie de Troctin, où était
autrefois le dépôt de bois pour la Marine ;
la grosse pointe verte de Quelmer ; les jolis
terrains de Jouvente, dont une falaise
appartient à Charles Duperré, qui compte y
prendre sa retraite.

Ce ne sera pas demain ; car c'est un de
nos plus jeunes amiraux.

Le château du Boscq, Saint-Hélier, le
Tertre, près de l'île aux Moines, derrière la
pointe de l'Ecret, avec son parc planté
d'arbres magnifiques et vallonné jusqu'à
la grève ; c'est une des plus belles propriétés de la rivière ; la Ville-ès-Oiseaux, la
presqu'île de Saint-Suliac, commençant à la
fente de Patimorum, pour finir à la chapelle nouvellement édifiée en l'honneur
de la Vierge, non loin du Christ élevé
en souvenir du décès des quatre Jésuites,
si malheureusement noyés par une raf-
fale.

Le Mont-Garrot, le port Saint-Jean, le Bas-
Champ, Pleudihen et Mordreux, le château
historique de la Bellière, que l'on devine au

fond de la gorge du moulin du Prat, au-dessus de la jolie propriété de Quincourbe.

—

Pour finir les bateaux à voiles, madame, si vous avez le gousset peu garni, je vais vous révéler un truc vous permettant de faire, pour deux sous, une promenade en Rance de six lieues. Deux sous, c'est le voyage simple. Pour l'aller et le retour, on n'exige que quinze centimes.

Pour ce faire, rendez-vous, un jour de marée, à deux heures de montant, à Saint-Malo, à la cale de Dinan; à Saint-Servan, à la cale Solidor.

Montez dans une des gabarres du Bas-Champ ou de Mordreux. Les gabarriers, avec leurs larges braies de toiles, qui n'ont pas changé depuis Jules César, sont des gens charmants; et alors que tout augmentait, leur tarif est resté immuable.

Ce n'est même pas un tarif et ils transportent gratuitement pas mal de monde; vous-même, si vous le demandez.

Je vous surprendrais beaucoup en vous

disant que plusieurs d'entre eux ont au soleil dix à quinze bonnes mille livres de rentes, honnêtement et rudement gagnées.

Ils forment une sorte de caste, d'aristocratie, pourrait-on dire, ne se mariant guère qu'entre eux et restant gabarriers de père en fils; la même gabarre, à la membrure solide comme une frégate, usant parfois plusieurs générations.

De ces souches robustes, une vocation parfois se dessine. Les familles de gabarriers ont produit des prêtres éminents, des docteurs de premier mérite et des médecins de Marine qui ont rapidement atteint les plus hauts grades.

A bord de sa gabarre, le gabarrier est roi, seul maître après Dieu. Nous en avons vu un, certain jour. Les conversations devenaient un peu lestes et il y avait là des jeunes filles.

— Mollissons les paroles, prononça simplement le patron; nous ne sommes pas dans « n'un bois ».

Et tout le monde se tut.

—

BAINS FROIDS

Nul autre pays ne peut rivaliser avec le nôtre pour les plages. La reine incontestée, c'est Saint-Malo. Puis, la grève de l'Ecluse, à Dinard.

Celle du Prieuré est bien belle aussi. C'est à peu près la seule qui ne soit pas aspectée au nord et qui voie les arbres séculaires enfonçant leurs racines jusque dans son sable d'or.

Telle est aussi, en plus petit, Port-Siboullière, la *Plage rêvée.*

Notons encore les grèves de Paramé, Rochebonne, le Minihic, Rothéneuf, le Lupin, la Guimorais.

De l'autre côté, Saint-Lunaire, Longchamps, Saint-Briac, Lancieux, Saint-Jacut, Saint-Cast, etc.

Le seul reproche à ces grèves, c'est que quelques-unes sont trop vastes, et que, dans deux ou trois, le ressac est dur à la mer haute.

On n'y trouve aucun galet. Pour le pied du baigneur, c'est un moelleux tapis d'Orient.

Ah ! encore un autre reproche, c'est que

les bains sont un peu chers : 1 franc, au moins, tout compris. Peut-être valent-ils bien le prix. Mais dans les familles de sept ou huit personnes, cela cube tout de suite.

C'est ce qui explique la vogue des grèves à bon marché, où il y a peut-être, dans les cabines, un peu moins de confort, mais où on est néanmoins très bien.

———

Il faudrait aussi augmenter les distractions dans l'eau. Un radeau et un canot, c'est maigre. Et si le directeur des bains du Prieuré avait suivi son idée d'avoir, tout comme à Asnières, quelques jolies embarcations de louage, il aurait eu un vrai succès. De même pour sa voiture à âne qui, dans les basses mers, devait conduire jusqu'au lit de la Rance les baigneurs pressés et les pêcheuses de crevettes.

———

BAINS CHAUDS

Saint-Servan possède un établissement qui n'ouvre qu'à certains jours de la semaine.

A Saint-Malo, on trouve quotidiennement eau douce et eau de mer, et même le commencement d'un service d'hydrothérapie.

Souhaitons qu'il se développe, et que, d'autres se montant, les prix deviennent accessibles à toutes les bourses.

Paramé et Dinard possèdent aussi des bains chauds, mais seulement pour la saison d'été. S'ils pouvaient continuer toute l'année, ils aideraient puissamment à fonder la station hivernale.

—

LA PÊCHE

Dans la mer, vous avez celle du bas de l'eau qui passionne jusqu'à s'exposer à y laisser la vie. De magnifiques crevettes, du vrai bouquet, vous récompensent de vos fatigues.

La Guimorais, Troctin, sont des endroits parfaits.

Aussi la Vicomté ; toute la Rance, du reste.

Et, en fait de cailloux, Cézembre, le Heaumet, Mouillé, les Ebihens, et d'autres têtards encore.

Il arrive parfois qu'avec la crevette votre haveneau vous amène un joli homard. Je ne vous cache pas que c'est rare.

Vous pouvez encore pêcher à la gaule. Excellents endroits sous la Batterie, à la Vicomté ; le Petit-Bey, à la cale ; le fort National, dans le nord ; le bout de la cale Solidor, à Saint-Servan.

En bateau, mouillé sur une ancre ou un houeret, vous pêchez, à la ligne, sur les basses : bars, lieux, rougets, vieilles, brêmes, dorades, guitans, etc.

En traînant, le plus amusant c'est le maquereau et le lieu.

En effarant, on en prend davantage. Mais ça sent bien mauvais et le poisson pris ainsi se conserve moins.

Une des plus jolies pêches, c'est le lançon, la nuit, à la pelle sur les bancs.

Sous Saint-Jouan et sous Pleudihen, on y

va avec des violons; et, quand la mer
monte, garçons et filles se paient des danses
absolument de caractère. Tout comme pour
les arracheries de lin, il en est parfois question en chaire, et messieurs les vicaires
fulminent contre ces bals plus ou moins
blancs.

Pour plus de détails et pour les autres
pêches, y comprises celles des marsouins et
des souffleurs, à coups de fusil, adressez-
vous à vos borneurs.

—

La pêche en eau douce n'est pas très commode ici, à moins d'avoir des permissions
dans les magnifiques étangs comme ceux de
Landal et de Beaufort.

Cependant, dans le Couësnon, surtout du
côté de Trans, on peut, en saison, prendre
à la mouche de fort jolies truites et parfois
des saumons énormes.

J'oubliais, dans la mer, le chalut, la
senne, l'arguet et les barrages.

Tout ça est très amusant. Mais il faut être
outillé et fort en monde.

—

CASINOS

Il y a quelque quarante ans, sur tout le littoral, un seul petit Casino, dans le bâtiment des bains chauds actuel.

Partout ailleurs, la dune nue.

Bien petit était le monument, ce qui n'a pas empêché les plus grands artistes, les actrices les plus en vogue, de s'y faire entendre.

Nous ne citerons que Mme Miolan-Carvalho.

Et les jours de courses! Cent mille francs, non pas en jetons, mais en or ou en beaux billets bleus, n'étaient point une rareté autour du tapis vert.

C'était le bon temps, et une banque de cinquante louis pouvait tailler indéfiniment, en ne payant que cent sous au brave père Jean qui était toute la cagnotte et, sur le coup d'une heure du matin, faisait bravement passer le plateau « pour la quête du gaz. »

Chacun mettait ce qu'il voulait; les *debout*, cinquante centimes en général ; le banquier heureux, quelquefois une poignée de louis.

Mais c'était cercle fermé alors et pour pénétrer dans notre Casino, il ne suffisait pas d'être notaire ou même préfet. M. le Ministre lui-même n'y serait point entré sans présentation.

—

Maintenant, sur ces dunes où nous jouions à la balle au bois, s'élèvent des palais féeriques. Le Casino et le Grand-Hôtel de Paramé sont des monuments.

Celui de Dinard est une délicieuse bonbonnière qui n'a que le défaut de ne pouvoir reculer indéfiniment ses murailles.

C'est cependant à les croire élastiques et j'admire les prodiges d'architecture à l'aide desquels son directeur, M. Rival, arrive, on ne sait comment, à conquérir, chaque année, une quarantaine de places.

Saint-Lunaire est presque trop grand. On dirait un palais bâti en quelques nuits par les Cyclopes.

Tous ces Casinos sont des établissements

de premier ordre où tout le monde peut entrer en alignant son argent.

Et c'est à qui donnera la meilleure troupe et on s'arrache les chefs d'orchestre *di primo cartello*.

—

Ce n'est pas fini. On parle d'un Casino à la pointe de Rochebonne, au-dessus de ces merveilleuses fortifications d'une pureté de style qui rappelle les Croisades, et cependant toutes neuves.

Au Prieuré, l'an dernier, nous avons failli en avoir un. Vous le verrez bientôt s'élever et il ne fermera jamais, puisqu'il sera le centre des distractions de la saison hivernale qui se fondera tout à l'entour dans ces coteaux si privilégiés pour la température.

—

Pour un Casino, la première condition de succès c'est l'accès direct à la mer. Cela manque à celui de Saint-Malo. Aussi, malgré sa vaste salle, il ne se loue guère que 12,000 francs.

Un des impresarii les plus cotés en avait offert 50,000 le jour où, détournant la route, on aurait englobé dans le jardin la chaussée du Sillon.

Le nouveau Casino, le Casino de l'avenir, se fera sur le Fort-Royal. Sa base en granit a coûté plus d'un million. Pas une de ses pierres ne sera touchée.

Sur l'Esplanade, un monument d'une audace et d'une élégance extrêmes, tout revêtu de mosaïques éclatantes. Ce sera un rêve, une merveille à mettre presque en parallèle avec le Mont-Saint-Michel. Une jetée-promenade aérienne le reliera à la ville. Et, sur tout son parcours, on dominera à la toucher notre plage des bains au sable d'or comme il n'y en a nulle part ailleurs.

Ce sera la fortune du commerce malouin et on viendra de tous les pays pour voir ce Casino incomparable.

TEMPS DE PLUIE

Août est bien beau chez nous. Septembre un peu plus, peut-être. Octobre nous donne des journées d'un charme indéfinissable. Mais il y a parfois des jours de pluie. Que faire ?

Saint-Malo a cela de bon qu'il n'y a jamais de boue -- presque jamais — pour être tout à fait exact.

Toutes nos rues sont pavées, et, avec la pente, cinq minutes après l'ondée, vous pouvez sortir en souliers de soie.

Pas du tout de poussière non plus, l'été, ce qui est très appréciable.

Je conviens que, les jours de pluie, Paris offre plus de ressources. Je vous conseillerai cependant le Musée et la Bibliothèque.

MUSÉE. — Comme collections conchyliologiques et ichtiologiques, notre Musée est très complet. Vous y verrez un crabe comme on en voit dans les cauchemars; des pinces de 4 mètres d'envergure!...

Il a été rapporté du côté de Saïgon par un capitaine de notre pays, M. Vimont.

La carapace arriva dans une grande boîte. On aurait dit la châsse d'un géant. Elle était en plus de deux cents morceaux.

Ce fut le chef-d'œuvre du conservateur, M. Cheftel, de le reconstituer tel qu'il est.

Pauvre père Cheftel. Il avait une ambition, les palmes académiques. Je les demandai pour lui. Faute d'un mois, je n'ai même pu les déposer sur son cercueil.

Cet enfant du peuple était un savant qui avait découvert le secret de conserver aux poissons leur coloris, tout en leur gardant la pose la plus naturelle.

Voyez ses préparations, on jurerait des poissons vivants.

Des membres de l'Institut sont venus lui demander son secret. Mais ils s'y prirent mal, et le bonhomme, croyant qu'on voulait le lui surprendre, l'a emporté avec lui dans la tombe.

Dans un moment de reconnaissance, quand je lui annonçai qu'il allait être décoré, il voulut me l'apprendre. Mais, hélas! j'étais si étranger à la partie que je dus refuser.

—

BIBLIOTHÈQUE. — Sans être considérable, notre Bibliothèque est intéressante. On y trouve de fort curieux manuscrits et une belle collection de mémoires. Elle renferme environ 12,000 volumes.

Pendant de longues années, elle fut dirigée par un homme d'une courtoisie et d'une complaisance légendaires, M. Fleury-Colombi.

Son successeur, M. A. Lemoine, n'a pas démérité et les étrangers, aussi les Malouins, passent avec lui des heures agréables à fouiller nos trésors.

Dans le même bâtiment, la salle des Grands Hommes et la salle des Fêtes sont intéressantes à visiter. Vous y verrez les portraits de toutes les illustrations malouines et beaucoup de très grandes villes n'en ont pas produit la moitié autant.

Plusieurs tableaux ont une réelle valeur, surtout au point de vue historique.

RELIGION

Les cérémonies du culte sont fort belles. Un clergé nombreux et très dévoué permet d'avoir des messes presque à toute heure. Onze heures et demie à la Cathé-

drale, c'est la dernière ; onze heures et ·
quart à Saint-Sauveur.

Les très paresseux en même temps que
dévots ont encore la ressource suprême de
courir à Saint-Servan où se dit une messe
de midi.

Dans les quatre villes, les protestants
trouvent aussi des temples et Dinard a failli
un jour avoir sa synagogue.

Le pays est remarquablement
pieux. Les processions sont, on
pourrait dire, d'un luxe très
grand.

On y voit des ex-votos, por-
tés par de gentils marins et le
Stella-Maris par de tout jeunes
enfants en matelots de l'Etat.

A remarquer encore la petite
Sainte-Barbe, forteresse en bois
portée sur les épaules des vété-
rans et qui tire ses douze coups à tous les
reposoirs, au moment de la bénédiction.

ÉDUCATION DES ENFANTS

Les écoles primaires laïques et congréga-nistes, sont très bien tenues et jouissent d'une faveur à peu près égale.

L'instituteur de Rocabey (quartier de la Gare) donne l'hospitalité à plusieurs enfants de Saint-Servan.

C'est comme un présage de l'union des deux villes qui se fera par là.

Pour les cours supérieurs, Saint-Servan a un magni-fique collège qui sera, sans doute prochainement, trans-formé en lycée. Quand les familles le demandent, les études sont dirigées vers le baccalauréat nouveau qui permet d'arriver à Saint-Cyr et Polytechnique sans faire un mot de grec ni de latin.

Saint-Malo possède un collège ecclésias-tique qui ne tardera pas sans doute à entrer dans cette voie libérale.

Ancien petit séminaire, il s'est déjà bien modernisé et il y règne un esprit excellent.

Il a, du reste, compté, parmi ses direc-
teurs, des hommes de premier mérite : l'abbé
Manet, auteur de tant de travaux sur la
Bretagne que l'on consulte encore tous les
jours avec fruit ; l'abbé Guillois, aujourd'hui
évêque du Puy ; le regretté abbé Lecerf, un
des esprits les plus droits de notre époque ;
l'abbé Durusselle, vicaire général.

—

Le Principal actuel,
M. Fouré, conduit son
collège dans la voie du
progrès ; et s'il réalise
notre programme, Saint-Malo pourrait très
bien avoir, d'ici peu, un collège de premier
ordre, l'émule de celui que les Dominicains
ont fondé à Arcachon.

Ce serait une sorte d'école maritime, pré-
parant pour le long cours et le *Borda*.

Il aurait une grande vogue, car il faut
être fort riche pour envoyer aujourd'hui
ses enfants à l'école des Pères Jésuites à
Jersey.

Le tant aimé Mgr Gonindard goûtait
fort ce projet. Son successeur, Mgr La-

bouré, un des espr its les plus larges du
haut clergé français, entrera sans doute
dans ces vues.

Mais il y a un obstacle : le local.

Il ne faut songer ni à restaurer ni à
grandir.

Il y a impossibilité d'avoir des logements
suffisants et des cours de récréations.

Mais que de merveilleux emplacements
pour créer : le grand hôtel de Paramé, dont
il avait déjà été question ; les terrains
Vigour et Pontallié ; la corderie Thébaut et
tout l'espace entre elle et la mer inté-
rieure.

Quelles facilités pour avoir des embarcations, un vaisseau modèle et former une
pépinière d'excellents marins, entraînés dès
l'enfance à toutes les choses de la mer.

N'avons-nous pas, comme exemples, les
universités d'Oxford et de Cambridge ; et,
plus près de nous, ce que les Jésuites
avaient tenté de fonder à Vannes ?

—

Nos villes comptent aussi de nombreux
maîtres et maîtresses pour leçons particu-

lières : dessin, musique, langues, escrime, gymnase, etc.

En un mot, peu de pays offrent autant de ressources pour l'éducation ; et pendant les vacances, c'est-à-dire pendant la saison, les parents qui veulent faire donner des répéti-tions ont sous la main de très bons profes-seurs.

—

Pour les filles, Saint-Servan a les excel-lents pensionnats de Sainte-Anne et des Franciscaines, aux Corbières

A Dinard, près la grève du Prieuré, les Trinitaires ont un nid charmant.

J'oubliais Saint-Malo où les dames de la Providence, sur la place Duguay-Trouin donnent aux jeunes filles de la ville une éducation très soignée.

N'omettons pas non plus les admirables sœurs de Saint-Vincent-de-Paul, leurs ouvroirs pour les jeunes ouvrières et les classes pour les orphelins qui retrouvent en elles de véritables mères.

—

CERCLES

Saint-Servan compte deux Cercles encore. Il en a eu jusqu'à trois.

A Saint-Malo, ils réussissent moins bien.

Longtemps nous avons eu celui que l'on nommait la *Société* ou l'*Amitié*. Très prospère pendant nombre d'années, dans le local de la rue d'Asfeld; il connut de beaux jours.

Puis après il émigra dans la maison Julienne pour venir finir en queue de rat dans l'appartement au-dessus des bureaux du *Vieux Corsaire*.

A la fin, il ne comptait plus que quatre membres qui ne venaient que de 5 à 7 se livrer au bésigue chinois en quinze mille parties liées, et un seul des quatre vaillants existe encore.

Depuis, le Cercle a été reconstitué derrière le Continental.

Quoique moins gai que l'estaminet, il compte toujours d'assez nombreux adeptes.

On y vient même de Dinard faire la partie de whist et les joueurs d'échecs savent y trouver des partners de première force.

Dans nos cafés, on joue beaucoup la manille.

— *Attention au petit manillon de pique !*

— *Es-tu bien de la maison ?*

C'est surtout l'hiver que le jeu de l'os (domino) est en faveur et c'est probablement de chez nous que vient l'expression :

DOMINO MALO

A Dinard, deux Cercles permanents très suivis.

Le *Cercle Anglais*, parfaitement aménagé, avec vue splendide et accès direct sur la baie du Prieuré.

Les embarcations des yachts vous débarquent au pied et le jeu du *poker* — le baccara anglais — y est fort à la mode.

Le Cercle des dames, *Neu-Club*, entre la rue de l'Avenir et le Casino.

Très select.

Jusqu'à midi, aucun homme n'y pénètre. Après cette heure, les maris, les frères, les cousins et les amis de ces Messieurs.

Les dames faisant partie du Cercle y offrent, à tour de rôles, des *tea* fort recherchés.

De temps à autre, de très beaux bals, des comédies inédites et des tableaux vivants.

Le *village* de Dinard est en avance sur bien des grandes villes.

—

AUTRES AGRÉMENTS

Très rapidement je vais vous dire que l'étranger trouve chez nous à peu près de tout.

Les docteurs de premier mérite sont presque en aussi grand nombre que les malades.

A Saint-Malo, à Dinard, vous avez des oculistes que l'on vient chercher de bien loin et le voisinage de la mer fait que presque toutes les opérations des yeux n'ont jamais de mauvaises suites.

De très bons dentistes, des pédicures, sont à la disposition de ceux qui ont besoin d'eux.

Alors que Rennes, avec son air mou est si redoutable pour les jeunes mères, notre climat est recommandé comme particulière-ment protégé de la déesse Lucine.

—

LE CLOS POULET

Tous ces avantages, vous les trouverez dans le Clos Poulet. Qu'est-ce donc au juste que ce fameux Clos, de plus en plus connu dans le monde entier, un peu bien grâce au *Vieux Corsaire*, dit-on ?

C'est l'ancien évêché de Saint-Malo, ce qui resta de terre non submergée après le cataclysme de l'an VII, s'étendant des hau-teurs du fort de la Cité de Saint-Servan au fort de Châteauneuf situé sur la limite de la Bruyère, en Saint-Père-Marc-en-Poulet.

Par extension, c'est le triangle compris entre Dinan, Cancale et le cap Fréhel, coupé par une flèche de diamant, la Rance.

La Rance est plus belle que le Rhin.

Plantez ses gros mornes de sapinières, au nord ; au midi, des vignes, des groseillers, des fraises et des roses.

Sur ses deux rives, de Dinard à Dinan et de Dinan à Saint-Servan, tracez un large boulevard dominant tout le cours du fleuve.

Partout où cela peut se faire, construisez des cales et des appontements.

Vous aurez là quinze lieues carrées de terrain d'une beauté et d'un agrément incomparables.

Vos falaises et vos jeannaies qui, actuellement, ne trouvent pas acquéreurs à 1,000 francs l'hectare se vendraient toutes au mètre carré, donnant au pays une plus value énorme.

—

LES PONTS

La richesse d'un fleuve c'est les ponts.

Cela semblerait paradoxal, si par richesse d'un fleuve nous n'entendions celle de ses rives.

Voyez la Seine. Dans la traversée seule de Paris, elle est bien emprisonnée par une dizaine de ponts. Et plus la population augmente, plus on en crée.

—

Il y a cinquante ans, pour traverser la Rance, il fallait remonter Dinan. Un tout petit pont, œuvre du Moyen-Age, au bas de la montée formidable du Jerzual et de la côte non moins raide de Lanvallay, reliait les deux rives, continuation de la route nationale.

Il y a un peu plus de quarante ans, le magnifique viaduc actuel fut créé et fit la richesse du pays.

—

Quand il s'agit d'établir la voie ferrée, la première idée avait été de faire passer la ligne à Bizeux. On parla ensuite de Jouvente et du Port-Saint-Jean.

Mais l'influence des députés et des sénateurs de Dinan l'emporta et le pont se fit à Lessart.

On eût dû, en même temps que pour le chemin de fer, construire au moins une passerelle à piétons.

Cette passerelle, il fut longtemps question de l'établir à l'écluse de Livet. Elle eût été commode ; beaucoup moins cependant qu'un pont laissant passer les voitures. Il est fait maintenant. Nous le devons à la ténacité toute bretonne de M. Victor Poulain du Reposoir qui, tant qu'il fut maire de Saint-Hélen, ne cessa de faire voter par son Conseil : « Pas de passerelle, le pont. »

Cet excellent pont où, l'hiver dernier, j'aurais pu laisser mes os et où je n'ai, Dieu merci, perdu que mon chapeau, est accessible maintenant, sans que l'on ait besoin de sauter d'une poutre sur l'autre.

Le travail de la route d'accès sur la rive gauche sera aussi considérable. Il ne faut pas s'en plaindre. Quand on fait une chose, il vaut mieux la faire bien.

—

En descendant toujours le fleuve, nous arrivons à l'étranglement entre le Port-Saint-Hubert et le Port-Saint-Jean. Le goulet y est tout étroit et c'est un endroit très tentant pour y jeter un pont.

Toute mon enfance, j'en ai entendu parler.

Jouvente a eu et compte encore de nombreux partisans. La dépense serait moindre qu'à Bizeux ; et comme la fameuse flotte que la Marine voit toujours se réfugier en Rance ne devrait pas dépasser la fosse de Cancaval, on pourrait lui donner une hauteur normale.

—

Ah! cette fameuse flotte !.... Enfin, c'est déjà quelque chose d'avoir obtenu la levée du VETO néfaste qui, pendant si longtemps, rendit le pont de Bizeux impossible.

Mais je ne cesserai d'en appeler du Ministre mal informé au Ministre mieux informé. Et j'arriverai à faire voir, clair comme le jour, que l'hypothèse de cette flotte n'est plus admissible.

C'était bon du temps des vaisseaux en bois aux immenses mâtures et au faible tirant d'eau.

Maintenant, tout est sous-marin. Les tirants d'eau augmentent chaque jour presque en raison directe de l'abaissement des mâtures.

On a reconnu l'impossibilité d'amener un cuirassé au Mont-Marin. Mais la routine, la sacro-sainte routine se rattrape en nous disant : « Et les croiseurs ? Que votre pont laisse passer nos croiseurs. »

Et il faut encore lui savoir gré d'avoir permis de caler les fusées.

— Mais, sapristi ! menez-moi donc, par mer basse, un croiseur dans la fosse de Cancaval. Il n'est pas fichu de contourner les bancs; et une fois rendu, il n'aurait pas où éviter.

Puis ce n'est pas encore cela.

Votre hypothèse prévoit les passes forcées, c'est-à-dire Cézembre pris ou réduit au silence, et les vaisseaux anglais embossés en rade de Saint-Malo.

Vous ne réfléchissez pas que les canons portent maintenant à plus de douze kilomètres avec une précision terrible. Derrière la pointe de Cancaval, l'Anglais ferait sauter vos avisos comme s'il les avait en rade de Dinard.

C'est jusque dans la fosse de la Roche, à trois lieues plus haut en Rance, qu'il faudrait les envoyer.

Non, tout cela ne tient pas debout et nous espérons bien avoir sous peu l'autorisation de construire Bizeux, en ne dépassant guère la hauteur de la rive, côté Saint-Servan.

—

Si on fait le pont à Bizeux, c'est surtout, comme l'a fait ressortir, dans son lumineux rapport, M. Mengin, Ingénieur en Chef des Ponts et Chaussés, parce qu'il reliera entre elles les stations balnéaires dont le développement va sans cesse croissant.

De Saint-Brieuc à Granville, l'essor est immense. Et, il va certainement bien mille touristes là où, il y a trente ans, il n'en arrivait pas une centaine.

Je l'ai répété à satiété. Pas dix ans après que Bizeux serait fait, il y aurait, à l'entour, une agglomération de 100,000 âmes. Saint-Malo, Saint-Servan, Paramé, Dinard seraient le corps d'une sorte d'immense oiseau dont les longues ailes s'étendraient de Saint-Briac à Cancale ; ou plûtot du Mont Saint-Michel au cap Fréhel.

Le pont en lui-même sera une bonne opération financière, car le trafic actuel décuplerait rapidement.

La population située sur ses deux rives est excessivement dense et il se ferait, par là, un commerce très considérable entre les Côtes-du-Nord et la Normandie.

Souhaitons donc tous, dans l'intérêt général du pays, de voir mener à bien cette entreprise grandiose.

MONT SAINT-MICHEL

Suis-je assez oublieux ! Au chapitre excursions j'ai omis la plus intéressante.

Pour vous rendre au Mont Saint-Michel, prenez **le train Rothschild**—je le baptise ainsi parce que c'est le baron Alphonse qui nous l'a fait obtenir, il y a deux ans, à la suite d'un petit article qu'il m'avait à peu près dicté quand il habitait Dinard.

Jusqu'à Poutorson, ça va bien. Mais après, quelle poussière et que d'ennuis souvent avec les voitures.

Les touristes se demandent pourquoi un tramway ne relie pas la gare au Mont. La voie est toute faite le long du Couësnon et ce serait une opération financière de premier ordre. Les voitures actuelles transportent, chaque année, plus de 50,000 pèlerins !

Beaucoup trouvent que la digue a abimé le Mont. Moins de poésie, peut-être, mais bien plus de commodités.

Que c'est beau, ce Mont ! Combien juste son nom *Au Péril de la Mer !*

C'est une merveille de pierre. Et quel démon ou quelle fée a transporté tous ces blocs immenses par dessus les tangues impalpables, abimes sans fond où j'ai vu des navires de cent tonneaux *supés en huit jours* avec leur mâture !

Je ne sais si je me trompe. Mais je crois que l'hôtel de l'avenir sera situé en terre ferme du côté de l'embecquetage de la digue.

Ce qu'il y a de beau, c'est la vue du Mont; et au-delà, les sables et la mer immense.

Quelle splendide salle que celle qui serait aspectée de ce côté !

Pour les amateurs de dangers, pour ceux qui regrettent le vrai et sensationnel..... *Péril de la Mer*, j'organiserais des promenades à Tombelaine, et l'audacieux qui y créerait un caravansérail dans le style gagnerait de l'or.

Très curieux tout ce pays conquis sur la mer et arrosé par le Couësnon, tantôt Normand, tantôt Breton, toujours capricieux.

BEAUVOIR

Sur la route la plus directe de Saint-Malo au Mont-Saint-Michel par Cancale et le Vivier se trouve le domaine de Beauvoir. C'est un des plus grands du département de la Manche. La mer passe sur toute sa longueur dans la rivière du Couësnon et, en se retirant, laisse à découvert l'anse de Moidrey, d'où l'on extrait l'engrais appelé tangue, à base de phosphate et de carbonate de chaux. Dans les parties non soumises à l'extraction, ce sable fin se recouvre promptement d'herbes marines dont se nourrissent les trois grands troupeaux de « pré salés » du Domaine. Ces moutons sont expédiés en détail à Paris avec tous les animaux nés et élevés chez les fermiers du Domaine, celui-ci ayant inauguré depuis dix ans la vente directe du producteur au consommateur. Cela a été un succès et les nombreux imitateurs du Domaine ne se plaignent pas de son initiative. Outre les bœufs et vaches cotentines, le propriétaire élève encore le cheval de pur sang dans le but, surtout, de créer le type du cheval de chasse qu'on ne trouve plus guère qu'en Angleterre. Le Domaine possède une vingtaine de poulinières de pur sang et deux étalons remarquables primés par l'administration des haras.

Ce sont Végétarian, par Cucumber et Salliet,
issue de Touchston, sœur de Plutus et Fra-
castor, par Vertugadin et Fugitive. Ces deux
étalons ont produit de nombreux vainqueurs
dont, pour ne parler que de la Bretagne,
où ils ont souvent gagné, Petit-Duc et Bon-
Espoir.

On peut visiter quand le propriétaire est
là. Ecrire au régisseur qui répond toujours
très régulièrement.

La légende raconte qu'un
aveugle du côté d'Avranches
invoqua un jour saint Michel,
dans sa foi profonde.

Jumelle Flammarion
PARIS

Il s'était fait conduire en
face du monastère et, les bras
étendus, priait. Tout à coup ses yeux s'ouvrent
et la baie immense lui apparaît, irradiée
des feux du couchant. Et, la créature ravie,
ne peut que crier : « Qu'il fait beau voir,
ô mon Dieu, qu'il fait beau voir ! »

En passant, remarquez les luxuriantes
moissons, tous ces terrains conquis sur la

mer et endigués par la puissante Compagnie des Polders.

Pour une partie, une demoiselle de Pallix soutint contre l'État une lutte de trente ans, pendant laquelle elle vécut de privations, mais indomptable dans sa ténacité. Enfin sous le grand ministère, Gambetta lui fit rendre justice et dix millions la récompensèrent de ses peines.

Elle mourut quelques mois après, léguant une partie de son immense fortune à ceux qui, ayant foi en elle, l'avaient aidée avec un désintéressement qui ne s'était jamais démenti.

—

Tous ces terrains conquis sur la mer sont vastes comme un arrondissement. Ils devraient être très peuplés, car ils peuvent faire vivre bien des gens. Et quand on a chez soi de telles richesses à exploiter, on ne comprend vraiment pas l'émigration.

Mais les débouchés et les routes manquent.

Aussi, en vertu de ce proverbe,

Il n'y a que le premier pont qui coûte

suis-je bien décidé, dès que j'aurai fait

Bizeux, ou même simultanément, à lancer un pont sur le Couësnon, à peu près à la hauteur du Gué de Beauvoir.

Ça ne sera pas bien cher et j'estime que les deux départements, sans compter les polders, pourront me donner une large subvention.

Ce pont serait la fortune de tout le pays et j'espère bien un jour, en passant par dessus, relier à Cancale, Pontorson et le Mont Saint-Michel en suivant tout le long de la -mer, au-dessous de la pointe de Roz, une route de corniche idéale.

LES BATEAUX DE PLAISANCE

Que de choses à vous dire encore. Mais tout me presse, surtout la saison.

Un mot cependant d'une des plus jolies distractions de notre pays.

LES BATEAUX DE PLAISANCE. — Nous n'avons pas de grands yachts ; et, presque toujours, nous revenons coucher le soir chez nous.

C'est, du reste, dans les petits bateaux qu'on s'amuse le plus, parce qu'on les mène soi-même ; et c'est aussi la meilleure école de canotiers.

A Saint-Malo, à Saint-Servan, à la Richardais, à la Landriais, nous avons des constructeurs pouvant, tous les jours, rivaliser avec les Anglais.

Un bon canot de 12 à 16 pieds vous coûtera de 300 à 700 francs, suivant qu'il est à francs bords ou à clins.

Un côtre revient à peu près à 1,000 francs du tonneau.

Si vous voulez aller à l'économie, pour 100 francs vous aurez un bon doris.

——

CHASSE A LA SAUVAGINE. — Pour la chasse au gibier d'eau, il n'y a pas d'embarcation supérieure au doris.

Tirant à peine quelques pouces d'eau c'est « des vraies mauves » à la mer ; et, dans les grandes lames du banc de Terre-Neuve, on les voit se pomoyer « tranquilles comme Baptiste » alors que les goëlettes, aux bas ris, en ont tout ce qu'elles peuvent faire.

Pour tirer, les meilleurs endroits sont Saint-Benoit, Hirel et la baie de la Fresnais.

Aussi toutes les anses de la Rance.

Dans les grands froids, j'ai vu tous ces endroits noirs de bernaches ; et, en 1854, sous Fosse-Mort, nous tuâmes deux éiders.

J'y ai vu également des canards de toute espèce ; des spatules comme sur la rivière de Nantes et des cygnes noirs et blancs.

—

Il y a quelques années, j'avais signalé dans mon journal un volier de cygnes sur la plaine de Saint-Suliac. Voilà-t-il pas qu'un beau matin je vois entrer à la rédaction un Monsieur équipé comme pour aller au pôle nord.

— Où sont les cygnes, me dit-il, sans s'asseoir, frappant du doigt sur l'article du *Corsaire* ?

Devant ma stupéfaction — Je suis Florian Pharaon et j'arrive de Paris tout exprès pour « vos cygnes. »

Le journal avait bien quinze jours de date !.....

Mon excellent confrère n'en fit pas moins une chronique des plus amusantes : *Chasse au cygne en Rance.*

Depuis, il m'honora toujours de son amitié.

Il aimait les Malouins, mais ne pouvait comprendre qu'ils missent le *domino à quatre* au-dessus du *domino à deux*, bien plus coté à Paris.

—

C'est bien rapidement que je viens de vous esquisser notre pays. J'ai dépassé de beaucoup le cadre que je m'étais tracé. Et cependant, je vois que je n'ai pas dit la moitié de ce qui pouvait être dit.

Je répèterai qu'à l'estime de tous ceux qui ont beaucoup voyagé « c'est un des coins les plus privilégiés de la nature, et par son climat si tempéré et par la beauté des sites. C'est un des endroits les plus complets que l'on puisse rencontrer. »

La preuve, c'est que tous ceux qui y sont venus veulent y revenir. Le rêve est d'y planter sa tente pour finir ses jours.

Si, séduits comme tant d'autres, vous voulez vous y fixer, je crois être un de ceux qui connaissent le mieux les avantages de chaque propriété.

Il y en a pour toutes les bourses, de dix mille francs et même moins au million.

Les plus beaux emplacements ne sont point encore bâtis et j'en connais où on peut créer des merveilles, mignons chalets ou palais grandioses dignes d'être habités par des fées.

—

Celui qui achète chez nous, maintenant, fait, à mon avis un placement de toute sécurité.

L'essor du pays ne fait que commencer et c'est déjà presque à se croire dans ces fantastiques cités Américaines qui, en quelques années, remplacent le désert.

J'ai connu Dinard achetable tout entier pour peut-être pas un million, et il y a à peine quarante ans de cela. Aujourd'hui une seule de ses pointes vaut plus.

A part le vieux bourg de Saint-Enogat, il n'y avait pas alors plus de quinze maisons. Aujourd'hui, il n'y en a pas loin de trois mille.

—

A Paramé, la création qui s'explique par le tramway, est encore plus suprenante.

Jadis, de Rochebonne à Saint-Malo, une seule maison, la Pitellière, avec alentour quelques champs d'asperges et partout la dune où nous chassions le vanneau.

Aujourd'hui, de St-Malo à Paramé, c'est un superbe boulevard, bâti des deux côtés.

Près de la *Hoguette*, le plus joli endroit de la digue, des bosquets verdoyants, des chalets avec vues idéales.

Cette année, 50 maisons nouvelles sortent de terre ; et, si cela continue, elles seront si rapprochées, que leurs propriétaires seront obligés d'émigrer plus loin pour avoir des jardins et de l'air.

Que Bizeux se fasse et ses corollaires : les tramways de Saint-Briac, de Cancale et du Mont Saint-Michel, et l'affluence des touristes décuplera encore.

Et cependant, sur bien des endroits de la côte, déjà, la faute lourde a été commise, l'accaparement de la vue.

Où cela est encore possible, évitons-la : traçons et faisons respecter la magnifique corniche.

Partout où on aura ce courage, la plus-value augmentera rapidement, tandis que vous verrez tomber les prix des endroits, même les plus beaux, où l'agrément public a été sacrifié à quelques-uns.

Voyez les stations de la Basse-Loire. Le pays est incontestablement moins beau que chez nous. Il est peut-être plus amusant à parcourir, parce que partout les routes longent la mer. Et il est vraiment navrant, à deux pas de la Grande Bleue, de ne voir que des maisons et quelques maigres bosquets, tout comme dans une petite ville de l'intérieur.

Le grand avantage de notre pays, c'est qu'il est aussi plantureux que pittoresque, et qu'à l'entour des maisons de bains de mer, les champs cultivés en patates ou en plantes maraîchères donnent un rendement magnifique.

Les légumes, le lait frais, les fruits, tout y est exquis, et ces produits si sains complètent la cure du bain de mer.

Maintenant, pour vous renseigner, passez aux quelques annonces ci-après.

Si vous n'y trouvez pas ce que vous désirez, écrivez-moi, me spécifiant bien le quartier de vos préférences et le prix que vous pouvez mettre.

Pour tous renseignements, je reste, votre bien dévoué.

Albert BOURDAS,
rue de Toulouse, 17, Saint-Malo.
(France.)

Adresse télégraphique :
Vieux Corsaire, Saint-Malo.

P. S. — Les propriétaires désireux de vendre sont priés de m'envoyer la description de leurs immeubles et le prix.

Je puis même aller les visiter et leur donner mon appréciation.

Depuis 20 ans que je m'occupe de ces questions, j'arrive, principalement pour les terrains et propriétés de bains de mer, à des estimations remarquablement justes.

Et cependant, il ne faut pas se dissimuler qu'il y a parfois des surprises.　　A. B.

OBSERVATIONS FINALES

Ce livre, n'était guère qu'un canevas, la première partie surtout, tirée pour ainsi dire par mégarde pendant un petit déplacement.

Ainsi, je ne jure plus et, quoique « Krédié! » ne soit pas jurer, si je m'étais relu je ne l'aurais pas laissé passer, à cause des élèves du Sacré-Cœur et autres gentes demoiselles qui peuvent me lire.

Prière d'excuser et rectifier de vous-même.

La prochaine édition sera meilleure et si Dieu me prête vie, je compte faire un gros et assez intéressant bouquin, illustré des vues de nos plus jolis sites et de quelques planches humoristiques, comme la *Pêche au Lançon.*

Ce Guide-ci n'est qu'un sommaire.

Et encore je ne vous ai pas dit qu'il y avait chez nous des distractions toute l'année : foires, marchés, assemblées : la Sainte-Ouine, la Saint-Servan, l'assemblée des Bouses de Vache, à Rothéneuf; celle des Coups de Triques à Troctin, et un tas d'autres égaudillements.

—

L'été, courses de chevaux, d'ânes, de vélocipèdes, grandes régates, régates de modèles, festivals, retraites aux flambeaux, musiques, etc.

La Patte-d'Oie et la place Chateaubriand sont deux endroits uniques et que j'ai entendu bien souvent comparer aux boulevard des Italiens et aux Champs-Elysées.

A certains jours, la foule y est la même, avec un décor plus pittoresque.

Pour être vrai, c'est le Tout-Paris transplanté près de la Grande-Bleue.

Tout cela est très joli et je vous le souhaite. C'est-à-dire que je désire pour vous, que vous jouissiez le plus longtemps possible, en excellente santé, de la vue de ce merveilleux décor et de toutes ses distractions.

Mais on n'emporte pas son bien dans l'autre monde et je ne comprendrai jamais les richards, dont le seul plaisir est d'entasser des jaunets ou d'empiler les titres hypothécaires dans le coffre-fort.

—

Au jour du grand saut, un verre de cidre donné à un pauvre sera préférable à tous les honneurs terrestres ; car il ne semble presque pas douteux qu'au delà de cette vie — quand la mort a fait de notre chair une masse inerte — il y aura pour l'âme, des récompenses et des peines.

Les preuves ?

Mon Dieu ! une, palpable.

Je ne sais si vous êtes comme moi. Mais on me proposerait le summum du bonheur humain, par exemple, d'être Grand Amiral de France ou le triomphant et glorieux

Empereur d'Europe pendant 99 ans; et
après, le néant!... que je refuserais, ou
que. si j'avais accepté, je serais rongé par
l'idée que j'ai fait un mauvais marché, une
irréparable bêtise.....

—

Et, sur cette pensée philosophique et
profonde, je vous dis, en vous souhaitant
tous les bonheurs, y compris, avant le
Paradis, celui de savourer mon Guide:

Que Dieu vous ait en sa sainte et digne
garde... et...

A la Revoyance,

ALBERT BOURDAS.

A VENDRE

Les Propriétés ci-après esquissées

A PARAMÉ

Au lieu dit LA HOGUETTE

Une belle Maison de Maître, nommée

LE MOULIN ROUGE

Ecuries et remises, avec logements au-dessus.

Sur la digue même, à toucher la mer. Très beau jardin planté d'arbustes d'une belle venue.

Séparé du Casino seulement par une route.

C'est incontestablement la situation la plus belle et la plus avantageuse de toute la digue, entre Saint-Malo et Rochebonne.

Le **MOULIN-ROUGE** est très bien meublé ; et, mobilier compris, les conditions de vente sont fort avantageuses.

Eau douce en abondance.

Pour visiter : s'adresser **au Gardien**.

Pour traiter :

A Paris, au propriétaire, M. PÉRIVIER, au *Figaro*

A Saint-Malo, à M. BOURDAS ou à Mᵉ VIGOUR, notaire.

A PARAMÉ

Au-dessus de la Montagne Saint-Joseph

LA MARIETTE

Très grande maison en parfait état. Deux beaux potagers en plein rapport. Jardin anglais planté de grands arbres. Partout eau de source et eau de citerne.

Contenance totale : 1 hectare 9 ares et 60 centiares.

Avec les potagers on peut se faire un revenu de plus de 1,000 francs.

Très belle vue de la maison, située à environ 1,500 mètres des bains de mer de Rochebonne, du Casino de Paramé et de la Gare.

S'adresser pour tous renseignements et pour traiter à M. BOURDAS à Saint-Malo.

Pour visiter, à M. Hippolyte ROUXIN, villa l'Hermitage près le bourg de Paramé.

A PARAMÉ

Aux bas des **Masses**, à gauche de la côte, en allant vers Saint-Malo, UN

TRÈS BEAU TERRAIN POUR BATIR

Quoique bien abrité, on a des vues étendues sur Saint Malo, Saint-Servan et la mer.

Le terrain comprend en tout 8,000 mètres.

On le vendrait séparément par lots d'environ 2,000 mètres.

Il y a où créer là, un très beau parc ou quatre fort jolies propriétés.

Très bonnes conditions.

Pour traiter. s'adresser à M. Bourdas ; à Mᵉ Vigour, notaire ; à M. Denier, propriétaire à Saint-Malo.

À PARAMÉ
La petite Maison de Campagne, nommée
CLERMONT
Avec joli JARDIN BIEN PLANTÉ

Située près La Buzardière
à environ 3 kilomètres du bourg de Paramé

Tout enclos de murs, en très bon état

Cave, 2 celliers, buanderie, remise et écurie, citerne et fontaine avec pompe.

S'adresser pour traiter, à M. Bourdas, à Saint Malo.

Pour visiter. à Mlle Prieur, à la Croix de la Barbinais, à deux minutes de Clermont.

À PARAMÉ
Sur la route de Rochebonne à Rothéneuf
Au sommet de la côte

UN MAGNIFIQUE TERRAIN
D'une contenance totale de 29,000 mètres carrés

Vues des plus étendues de la contrée sur la mer, St-Malo, Dinard, St-Servan et Paramé.

Division parcellaire facile. accès immédiat à la mer, très belle plage. dont une partie appartient à la propriété même.

S'adresser pour traiter et pour tous renseignements, à :

M. Pontallié ;
M. Bourdas ;
Mᵉ Vigour, notaire ;

Tous, demeurant à Saint-Malo, rue de Toulouse.

A DINARD

1º Derrière la briqueterie de M. de Sonis.

LES SAUDRAIS

Magnifique carré de 50,000 mètres, tout d'un seul tenant. Beaucoup de grands bois. Charmante petite prairie traversée par un ruisseau.

On créerait là un beau parc ou une ferme modèle.

2º Derrière l'église, de la villa Nabant à la Corbinais, environ **2 hectares** (20,000 mètres carrés). Très belle vue. Bonne terre. A deux pas de l'église et de la gare. Excellents emplacements pour maisons de rapport.

3º La ferme du **Domaine** au bourg de Saint-Enogat, le long du boulevard projeté entre l'hôpital et l'église.

On bâtit beaucoup par là. Très bons emplacements, depuis 4 francs le mètre.

4º Les landes de la **Belle-Issue**, comprenant 60,000 mètres carrés, sur la route de Lamballe, à 2 kilomètres de Dinard.

Très propices pour créer une garenne ou des jeux.

5º Derrière la gare de Dinard.

Une jolie pièce de terre d'environ 1/2 hectare (5,000 mètres carrés). Belle vue. Il y a là où créer, à bon compte, une charmante propriété.

6º Le grand clos de **Picou**, tout près des Saudrais.

Les **Minées**, sur la route de Saint-Enogat, comprenant carrières d'excellente pierre. Eau abondante.

En Pleurtuit, le champ du **Tertre**, contenant environ un hectare, planté de pommiers, entouré de chênes et de peupliers.

C'est au bas de la côte de la Ville-ès-Meniers.

On ferait là une charmante propriété d'agrément; ou, sur le petit cours d'eau, un lavoir couvert, qui aurait une grande valeur si près de la ville.

Pour tous renseignements et traiter, s'adresser à M. BOURDAS, ou à Mᵉ RADENAC, notaire à Saint-Malo.

A DINARD

LA VILLA DU ROC

Avec jardin en excellente terre, pouvant servir d'emplacement pour bâtir.

Très joli quartier, proximité de la grève de

l'Ecluse. Air très sain. Grandes facilités pour les approvisionnements.

BALMORAL

Jolie petite maison située non loin de la Mairie.

Pour tous renseignements et pour traiter, s'adresser :

A Saint-Malo, à M. Bourdas, et à M° Vigour, notaire ; à Paris, à M. F.-G. Picot, propriétaire, 34, boulevard de Villiers, Levallois-Perret (Seine)

A DINARD

KER-EDMOND
A la Vallée
Route de Saint-Enogat

Cette propriété est située au carrefour de cinq chemins.

Contenance totale 231 mètres carrés.

Maison en parfait état. Puits qui ne tarit jamais. Gaz dans la maison.

Le mobilier est compris.

Cinq chambres à coucher, salon, salle à manger et cuisine.

Pour tous renseignements et traiter :

S'adresser, à Saint-Malo, à M. Bourdas ; à Dinard, à M° Lhotellier, notaire.

Pour visiter, à la Villa, et en cas d'absence des propriétaires, à la gardienne, Mme CHE-VALLIER, demeurant en face, villa *Désirée*.

A DINARD

LA LUZERNE

Cette jolie propriété, comprenant près de 8,000 mètres carrés, est située sur la route nationale de Dinard à Dinan, à 200 mètres de l'église.

Elle est bornée au sud par la villa Nahant.

Par dessus le jardin des Trinitaires, vues splendides et *qui ne seront jamais accaparées*, sur l'estuaire de la Rance et la rade.

Eau abondante Beaux arbres. Jardins en plein rapport.

Le petit parc qui comprend en outre la **villa Félicité** et la **villa Donizetti** peut être morcelé.

Beaux emplacements pour bâtir, à partir de 8 francs le mètre.

Pour visiter, s'adresser sur les lieux à M. DENY, villa *Donizetti*, de 2 à 4 heures après midi, et pour tous renseignements à M. DENY, à Dinard, et à MM. BOURDAS et VIGOUR, notaire, à Saint-Malo.

Sur LA RANCE, à St-Jouan-des-Guérêts

LE TERTRE

Cette magnifique Propriété est située sur le bord immédiat de LA RANCE

Le parc, planté de beaux arbres, domine toute cette grande baie connue sous le nom de Rivière de Châteauneuf et à l'embouchure de laquelle on remarque l'Ile-aux-Moines.

Outre le parc, la propriété possède une grande partie de cette belle falaise au-dessus de la pointe de l'Ecret.

Excellent mouillage pour yachts.

Belle maison de maître. Vastes dépendances.

Chapelle au milieu d'un charmant bois. Eau très abondante.

En tout, près de 10 hectares de terre (100.000 mètres) donnant, sans compter la retenue, un revenu annuel de 1,400 francs.

S'adresser pour tous renseignements :

A M. BOURDAS, ou à Me LEMÉE, notaire. Pour visiter, au **Gardien** de la Propriété.

A SAINT-SULIAC

Une magnifique Maison connue sous le nom

LE CHATEAU-HELO

Avec jardins et une sortie jusqu'au rivage de la mer.

Vue idéale sur la magnifique baie.

Beaux potagers en plein rapport.

Eau abondante.

Pièces de terre disséminées sur la pointe de Grinfollet, entre la Vierge de Grinfollet et la croix des Jésuites.

Sur le mont Garrot, magnifiques emplacements pour bâtir, créer une garenne ou des cultures de fraises.

C'est tout près de l'ancienne plaine de Vigneux, entourée de coteaux, autrefois crû d'un petit vin renommé.

Pour tous renseignements et traiter, s'adresser, à Saint-Malo, à M. Bourdas, ou à Mᵉ Lemée, notaire.

Pour visiter, à Saint-Suliac, au **Gardien**.

A Plouër (C.-du-N.) sur LA RANCE

Au fond de la charmante baie de LA SOUHAITIER, tout près la chapelle de ce nom.

UNE JOLIE PETITE MAISON
de Campagne
avec Jardin et grand Champ

Prix Modéré

Pour tous renseignements, s'adresser :

A Dinan, à M. de Kersaint-Gilly, propriétaire.

A Saint-Malo, à M. Bourdas.

A St-MALO au lieu dit le TALARD

Entre la place et l'église de Rocabey, les écoles, le tramway, la gare et le chemin de fer du port.

40,000 mètres de Terrain

Parfaitement nivelés, propres à constructions

Boulevards plantés et empierrés, sol propice à plantations et cultures, à proximité de Saint-Malo, des bassins, de la mer, de la gare, de Saint-Servan et de Paramé.

Appelé à devenir le **centre d'un nouveau quartier.**

Facilités de Paiements

S'adresser pour traiter et pour tous renseignements :

à M. PONTALLIÉ,
à M. BOURDAS,
à Me VIGOUR, notaire.
} Tous demeurant à Saint-Malo, rue de Toulouse.

A SAINT-SERVAN

BOULEVARD DOUVILLE, 5

LA VILLA DES TILLEULS

Comprenant maison d'habitation, petit jardin et dépendances.

Remise et écurie.

Eau de citerne et eau de source.

Deux W. C. à l'anglaise.

Grande solidité de construction et le tout en
bon état.

S'adresser, pour visiter, à :

Mme Bouvard, propriétaire y résidant, et
pour traiter à M. Bourdas, à Saint-Malo.

A SAINT-SERVAN

LA JOLIE VILLA ÉDOUARD

Maison toute neuve, beau jardin.

Pour tous renseignements, s'adresser à M.
Bourdas, à Saint-Malo.

A SAINT-COULOMB

LA BATTERIE DU MINGARD

Parcelle de terrain au lieu dit le Mingard
et sur partie de laquelle étaient autrefois
élevés une Guérite et un petit magasin à poudre.

Contenance : environ deux hectares.

S'adresser pour renseignements à M. Bourdas, à St-Malo.

En la Commune de Saint-Père-Marc-en-Poulet

DIX HECTARES DE BRUYÈRE

Pour tous renseignements, écrire à M. Bourdas, à Saint-Malo.

Grosse Affaire

On demande
UN MILLIARDAIRE

M. Bourdas, directeur du *Vieux Corsaire*, après une étude approfondie de

L'ESTUAIRE DE LA RANCE

« le Pays le plus complet du Monde » au dire de tous les Voyageurs

A fait le plan d'une vaste opération qui, d'après les calculs les moins optimistes, devrait, en 20 ans, rapporter un boni d'au moins **100 millions**. Pour la mener à bonne fin, il estime qu'il faut un capital de **20 millions**.

—

Avis aux détenteurs de gros capitaux, qui désireraient les faire fructifier, tout en associant leur nom à une œuvre grandiose.

—

Pour renseignements plus complets, voir M. BOURDAS, rue de Toulouse, 17, Saint-Malo.

75

www.ingramcontent.com/pod-product-compliance
Lightning Source LLC
Chambersburg PA
CBHW071817090426
42737CB00012B/2120